CALENDARIO MAYA
La Cuenta Sagrada del Tiempo

EDITORIAL kier

*Desde 1907 un sello positivo
para un mundo que merece serlo*

CALENDARIO MAYA
La Cuenta Sagrada del Tiempo

Claudia Federica Zosi

QUINTA EDICION

Colección

del Canal Infinito

Se hallan reservados todos los derechos. Sin autorización escrita del editor, queda prohibida la reproducción total o parcial de esta obra por cualquier medio -mecánico, electrónico y/u otro- y su distribución mediante alquiler o préstamo públicos.

291.82   Zosi, Claudia Federica
ZOS   Calendario Maya: la cuenta sagrada del tiempo.- 1ª ed. -
         5ª reimp. - Buenos Aires: Kier, 2004.
         160 p. ; 20x14 cm.- (Col. del Canal Infinito)

         ISBN 950-17-7005-2

         I. Título - 1. Libros Sagrados. 2. Esoterismo

Diseño de tapa:
IN JAUS / Carlos Rossi
Director de la Colección:
Darío Bermúdez
Corrección y supervisión general:
Darío Bermúdez
Foto de tapa (Palacio de Bolon):
Lucía Aráoz
Diagramación de interiores:
Mary Suárez
Sitio web Infinito:
www.infinito.com
LIBRO DE EDICION ARGENTINA
Queda hecho el depósito que marca la ley 11.723
© 2004 by Editorial Kier S.A., Buenos Aires
Av. Santa Fe 1260 (C 1059 ABT), Buenos Aires, Argentina.
Tel: (54-11) 4811-0507   Fax: (54-11) 4811-3395
http://www.kier.com.ar - E-mail: info@kier.com.ar
Impreso en la Argentina
Printed in Argentina

*Palabras preliminares
a la presente Colección*

ASOMBRO CONSTANTE

En este preciso momento, mundos invisibles cruzan en silencio nuestra realidad, moldeándola como si fuera de arcilla y manejándola como una marioneta. La sospecha se confirma: un aprendizaje mayor espera ser develado a cada instante.

Mientras la ciencia misma se abre a un nuevo paradigma, se redescubren flamantes caminos milenarios. En busca de la libertad que da el conocimiento, cada vez más personas se interesan por una cirugía existencial. Ya no se cae en el error de *ajustar el territorio al mapa*, sino al revés. Los dogmas se dejan de lado y la exploración extiende los horizontes, con amplitud y a la vez con rigor.

Por consiguiente, hay una atracción por analizar el reverso del mundo, ese "revés de la trama" que guarda tanta información útil para la vida cotidiana.

¿Quién mejor que el único canal de TV dedicado las 24 horas a indagar "el otro lado" de la realidad, junto a la editorial más reconocida del sector en toda Hispanoamérica para hacerlo posible?

Es muy probable que seamos más sobrenaturales de lo que estamos dispuestos a admitir. En este escenario, la búsqueda se vuelve encuentro, una especie de coartada para evolucionar en algún sentido.

Esta serie de títulos ofrece la visión de especialistas e investigadores que favorecen la apertura de conciencia, reformulando tópicos de pensamiento, propiciando hallazgos y facilitando el ingreso en los misterios y las enseñanzas que el canal pone a diario en pantalla. Acercando no sólo respuestas, sino también los interrogantes adecuados.

El lector encontrará señales para mejorar el estado atlético de la reflexión y la evaluación, y así llegar después a la experiencia, individual e intransferible.

Es muy placentero contribuir a abrir la mente. Agradezco la confianza de los directores del canal Infinito y de la editorial Kier para concretar este proyecto, y la disposición de los autores hacia el objetivo común. Bienvenidos.

Darío Bermúdez
Director de la Colección
Buenos Aires, marzo 2003

Palabras de José Argüelles acerca de la autora y su obra

Claudia Federica Zosi es una estudiante del Calendario de las 13 Lunas (Calendario Maya) desde hace 11 años. Desde que comenzó sus investigaciones, su entendimiento del Nuevo Tiempo ha madurado mucho, pudiendo hoy volcar sus enseñanzas en este libro. Ella puede difundir este conocimiento del tiempo natural por todo el planeta.

Es importante entender en este momento de guerra, anarquía, terrorismo y desorden total, que la única manera para que la humanidad logre la paz universal es comenzar de nuevo en un Nuevo Tiempo. Lo primero para entrar en este Nuevo Tiempo es un nuevo calendario, el Calendario de las 13 Lunas, y el conocimiento de la Ley del Tiempo. Por medio del cambio del Calendario, rechazando el viejo calendario gregoriano y reemplazándolo por el nuevo Calendario de las 13 Lunas, la humanidad obtendrá una nueva oportunidad.

Al atravesar el umbral del viejo tiempo de la guerra hacia el Nuevo Tiempo de la paz, todo el mundo, con este libro de Claudia Federica Zosi (Espejo Espectral Blanco) en sus manos, puede aprender lo que es la Ley del Tiempo, la fundación de una paz universal y el camino hacia la salvación de nuestro planeta.

José Argüelles
Fundador del Movimiento de Paz
para el Cambio al Calendario de las 13 Lunas
Marzo 2003

Agradecimientos

Agradezco a la totalidad, a *Hunab Ku*, dador de vida y movimiento, por la vida.

A *Pacal Votan, Quetzalcoatl, Valum Votan, Bolon ik*, por el despertar.

A todos los seres de esta Tierra, por su compañía.

Al padre Sol, a la madre Tierra y a la abuela Luna, por cobijarme.

A mis ancestros mapuches, por guiarme siempre.

A mi maestra Lourdes Miranda.

A todos los que colaboraron con el nacimiento de este libro.

A todas mis relaciones, por la paciencia y la comprensión.

Y especialmente a mis hijos Luz y Antariel, por acompañarme durante tantas vidas, iluminándome.

KUTIANECH TIN PUKSIKALE
IN LAK'ECH
("Que Dios se quede en tu corazón, yo soy otro tú.")

En el jardín florido del alma volamos como coloridas mariposas dibujando en nuestro andar un.arco iris perfecto, lleno de luz y vibrante armonía.

Viviendo la plenitud de sentir el presente con toda la intensidad e integridad, celebraremos la vida como la unidad que somos.

Volver a la unificación "como el tiempo a través del tiempo siendo el tiempo", nos devuelve el arte de disfrutar ser humanos con conciencia galáctica despierta.

En este viaje, que la paz sea el perfume que acaricie tu ser.

La autora

Prólogo

Más a menudo de lo que quisiéramos, lo gigantesco se nos vuelve invisible como si fuera microscópico. Una de las demostraciones más cabales de esta paradoja, de esta "ceguera al revés", se hace presente cuando reflexionamos sobre el contenido de este libro.

Reordenar el tiempo desde una perspectiva distinta parece un objetivo más cercano a un argumento de ciencia ficción que a una búsqueda seria y real. Pero a medida que entendemos las razones, notamos que esta inquietud tiene pleno sentido, aunando "lógica" y espiritualidad.

Vivimos insertados como microcosmos pensantes en un macrocosmos natural, y resultan casi risueños los históricos intentos humanos acerca de cómo movernos en él, siguiendo la supuesta lucidez de la racionalidad. El cálculo del tiempo es un ejemplo, y no está nada mal detenerse a debatirlo.

La ridiculez va dejando paso a la sensatez que sólo alguna clase de evolución puede ir permitiendo. Sin dudas, nuestro calendario gregoriano habrá estado bien para otro status histórico, pero ya parece caer por su propio peso. Entre religiones que hacen agua y excesos racionalistas, el "Nuevo Hombre" (expresión tan antigua como renovadora) empieza a armar sus tableros de control desde un lugar distinto.

Para los mayas, convivir con casi una veintena de calendarios era normal, entendiendo la circularidad del tiempo ("siempre es ahora") como algo básico. Nosotros, lo único circular que tenemos es el cuadrante de algunos relojes, quizás reminiscencia de un camino evolutivo dejado atrás por olvidables ansias de manejo.

Compatibilizar los tiempos del planeta con el almanaque de mi escritorio no hace otra cosa que evidenciar una búsqueda *descomunal* de sentido común. Lograr llevarla a cabo dependerá de muchos factores; entre ellos, de nuestro entusiasmo para diferenciar la verdad del remiendo de verdad, lo natural de lo artificial. Después, todo quedará librado a quienes ejercitan el poder.

Este trabajado libro introductorio, permitiéndonos pensar en otra forma de cuantificar el tiempo (o mejor dicho, de *cualificarlo*), nos asoma a otra realidad posible, más humilde, menos pretenciosa, casi obvia. Preparado por una experta, nos facilita los primeros pasos en una filosofía inquietante, al mismo tiempo que nos integra emocional y espiritualmente a un fenómeno mundial creciente.

La recomendación es estudiarlo junto a una especialista para no perder detalle; en principio, *captar la esencia* ya implicará un extraordinario cambio de visión, y eso será más que suficiente. Lo demás llegará por añadidura.

Darío Bermúdez

Capítulo 1
Espiritualidad y evolución: la esencia maya

Muchos arqueólogos han estudiado los vestigios de la sorprendente cultura maya. Gracias a ellos, a la decodificación de los escritos descubiertos, a las narraciones de los sacerdotes franciscanos y a la información recibida como recuerdo galáctico, podemos decir que fue una civilización asombrosa que se desarrolló a lo largo de muchos años.

Leyendo los libros sagrados mayas del *Chilam Balam* y el *Popol Vuh*, queda claro que llegaron de un lugar lejano. ¿Pero cuál es ese lugar?

Según algunos historiadores, la cultura maya comenzó en las tierras bajas del Petén en Guatemala. Otros dicen que eran descendientes de los *olmecas*, quienes habitaron en la Tierra 1.000 años antes de Cristo. Otras teorías sostienen que los mayas son seres de la confederación galáctica, formada por habitantes de diversos sistemas estelares, que operan en conjunto para la preservación del orden galáctico.

Dentro de este equipo de trabajo, los mayas funcionarían como sincronizadores planetarios, reestableciendo el orden natural de cada lugar dentro de la galaxia.

Cuando arribaron a nuestro sistema solar, llegaron en primer lugar a Maldek, planeta que se transformó en la actual cadena de asteroides. Luego a Marte, y por último a la Tierra. A nuestro planeta vinieron como las civilizaciones lemuriana, atlante, y en este último ciclo, como los mayas.

Llegaron a la Tierra como grandes astrónomos, matemáticos y astrólogos. Al recorrer sus ciudades encontramos observatorios en casi todas ellas. Entre muchos otros logros, calcularon la longitud de la órbita de la Tierra alrededor del Sol con una precisión de una milésima de punto decimal en relación a cálculos modernos; registraban en calendarios revoluciones sinódicas y la sincronización de los ciclos de Mercurio, Venus, Marte, Júpiter y Saturno.

Trazaban el curso de los cuerpos celestes; predecían los eclipses de Sol y de Luna, y los pasajes de los cometas. En algunos de sus monumentos se encontraron registros de fechas y sucesos que ocurrieron hace 400 millones de años (!).

Durante alrededor de 15 siglos florecieron, siendo la cúspide de su civilización el período entre los años 250 y 830 d.c. Fue en ese tiempo en el que construyeron la mayoría de sus maravillosas pirámides, observatorios y palacios.

Observatorio astronómico de El Caracol, construcción alineada a Venus, el Sol y la Luna.

Los mayas dieron mayor evidencia de su cultura en México, Guatemala, Honduras, El Salvador y Belice. Es importante destacar que, si bien geográficamente se ubicaban en estos sitios, el término "maya" aparece en otros lugares y culturas planetarias:

-En la mitología griega, como una de las 7 hijas de Atlas y Pleyone. Maya es la estrella más brillante del multisistema estelar de las Pléyades, y ocupa la tercera órbita del mismo, en sincronía con nuestro planeta, que también ocupa la tercera órbita dentro del sistema solar.

-En India, maya significa "origen del mundo", "mundo de ilusión", "madre" y "mente". Encontramos que la madre de Buda, curiosamente, se llamaba Maya. En el sagrado libro de los vedas, el Mahabharata, Maya era el nombre del astrónomo-astrólogo de la tribu.

-En Egipto, maya significaba "orden universal", y así se llamaba el tesorero de Tutankamón.

Todos estos datos nos dan la idea de que siempre hicieron su aparición en el transcurso de la historia.

Los mayas eran robustos, de baja estatura y cabeza ancha, ojos rasgados y oscuros. Sus actuales descendientes son llamados *lacandones*; tienen gran conocimiento de hierbas sanadoras y en su mayoría viven en las selvas de Chiapas.

Los mayas modificaban la forma del cráneo desde pequeños. Si bien se creyó que lo hacían con fines estéticos, teorías más modernas hablan de que, a través de esta práctica, quedaba más expuesta la glándula pineal y se hiperactivaba la glándula pituitaria, desarrollando la *clarividencia* y la *intuición*, y permitiendo mantener una comunicación estelar fluida.

Unieron la ciencia y la religión: la astronomía apoyaba a la astrología, que era la disciplina básica en sus creencias religiosas. Su máxima deidad era *Hunab Ku*, el "sol central" de la galaxia, dador de todo. Tenían otros dioses, como *Itzamná*, "Señor de la vida", generalmente representado como un sabio viejo; *Ah Kin*, dios del día; *Ah Puch*, dios de la noche y de los muertos; *Chac*, dios de la lluvia, y uno de los más destacados, *Kukulcán* (también llamado *Quetzalcoatl*), la Serpiente Emplumada.

Los científicos y sacerdotes dedicaban su vida al estudio y determinaban las misiones de cada integrante del pueblo, quienes los servían, además de realizar tareas agrícolas.

A diferencia de otros pueblos, los mayas daban importancia a las mujeres. Palenque tuvo 2 reinas, *Ka Ik* (quien reinó desde el año 583 d.C. al 604 d.C.) y *Zac Kuk* (en el trono entre los años 612 d.C. y 615 d.C.), quien probablemente fue madre de *Pacal Votan*.

- ¿Quién fue Pacal Votan?

Pacal Votan fue el Gran Rey Maya que vivió entre los años 603 y 683 d.C. En su reinado se lo llamó "el Profeta del Tiempo". Es famosa la piedra que cubre su tumba, en Palenque, cuyo dibujo central contiene la Gran Profecía, como más adelante veremos.

Eran amantes de los adornos con plumas y piedras. Además, sobresalieron en el arte de esculpir: trabajaban con martillos y cinceles de piedra porque no conocían el metal. Esculpieron muchas estelas (piedras en forma de columnas) en bajorrelieve, con personajes importantes y numerosos jeroglíficos. Estas estelas eran de contenido espiritual y se asentaban en plazas o templos. También esculpieron dinteles, tronos y altares de gran belleza.

La Serpiente Emplumada, Quetzalcoatl, en Xochicalco (siglo X d.C.).

Realizaban pinturas ricas en colores, usando básicamente el rojo, el blanco, el azul, el amarillo y el verde. Modelaban arcilla; eran magníficos orfebres, y también trabajaban el telar y la cestería.

Su obsesión era el tiempo: llegaron a desarrollar 17 calendarios. Se los llamó "Hijos", "Señores" y "Magos" del tiempo, ya que su ciencia era la ciencia del tiempo como una dimensión de la vida. Los ciclos temporales les sirvieron para predecir acontecimientos y realizar ritos religiosos.

Por todo esto, podemos evidenciar que era un pueblo con un gran desarrollo intelectual y espiritual. Si bien no usaron la rueda como medio de transporte, la conocían conceptualmente: sus calendarios eran "ruedas" y cada arco del juego de la pelota era redondo. Este juego era mucho más profundo que los actuales, ya que se hacía con fines espirituales, y también para obtener una buena cosecha.

La civilización maya desapareció repentinamente. Se dice que algunos retornaron a las estrellas, otros al centro del planeta, y otros se entremezclaron con los toltecas.

¿Por qué se fueron? Ellos sabían que la humanidad entraría en una gran *amnesia planetaria*, que duraría hasta 1987. Es por eso que se retiraron, sabiendo que llegaría la conquista y que destruiría casi todo. Entonces, dejaron las claves del tiempo en sus pirámides y calendarios de piedra. Tal como lo predijeron, los españoles destruyeron la mayoría de sus escritos; sólo 3 códices se salvaron de la quema que realizaron los sacerdotes masculinos.

El tiempo fue avanzando, y el olvido del espíritu y la comunicación estelar se dio en los tiempos previstos, así como también el comienzo del Gran Despertar, manifestado los días 16 y 17 de agosto de 1987 en la Convergencia Armónica llevada a cabo por José Argüelles, y seguida por seres de todo el planeta a través de la meditación.

Los mayas sabían que la oportunidad de despertar la conciencia planetaria sería entre 1987 (año de la Convergencia Armónica) y 2013 (año de la Gran Transformación Galáctica). Es por eso que en todo el planeta se transmite el conocimiento sagrado del tiempo que salvará a la Tierra y a su humanidad.

Los mayas *estamos* otra vez por aquí, y venimos en paz. El tiempo es "aquí y ahora". En una oportunidad, en un programa de televisión me preguntaron: "¿Y si los mayas andan entre nosotros, cómo puedo darme cuenta?". Y yo respondí: "Podremos reconocernos por los ojos; con sólo mirarnos nos damos cuenta de que somos la mágica unidad divina que menciona el *In Lak'ech*, yo soy otro tú."

Éste es un tiempo de recuerdo de quiénes somos, para qué estamos y hacia dónde vamos. Los mayas estamos otra vez... Los mayas venimos en paz...

Capítulo 2
¿Qué es el tiempo?

La pregunta acerca de qué es el tiempo resonó y sigue haciéndolo en seres pensantes que sienten que los conceptos hasta ahora desarrollados son parciales.

Cuando intentamos meditar acerca de qué es, si tiene principio o fin, o si es o no cíclico, la respuesta vuelve a ser un misterio. ¿Y esto por qué? Porque buscamos respuestas mentales que surjan de razonamientos lógicos sobre ciencias ya conocidas que se mueven en la llamada "tercera dimensión".

Esta dimensión es la dimensión del espacio, por el que estamos acostumbrados a medir todo, desde el hecho de contener o de estar contenidos. El tiempo, en cambio, es la cuarta dimensión.

-¿Qué significado tiene la palabra "tiempo"?

De acuerdo a la semántica, el término "tiempo" proviene del latín "tempos", que significa "la duración de los fenómenos".

Debemos recordar nuestra multidimensionalidad: vivimos paralelamente en varias dimensiones. Pero nos han enseñado el concepto de tiempo en relación con el reloj y el almanaque calendárico, basados en la tridimensión. Es decir, en sistemas de medición ordenados según la división de la figura geométrica del círculo en 12 partes iguales en el caso del reloj, y en partes irregulares en el caso del calendario gregoriano, ya que los meses no siguen un patrón numérico igual.

UNA VISIÓN TRANSFORMADORA

"Estoy a favor de un calendario estandarizado para todo el mundo, como también estoy a favor de un sistema monetario universal y de un lenguaje para todos los pueblos...

Siempre estoy listo para apoyar cualquier movimiento honesto que ayude a unificar a los pueblos del mundo."

Mahatma Gandhi

Estudiosos del tiempo como lo son José Argüelles y su esposa Lloydine, luego de años de investigación y meditación, llegaron a la conclusión que el tiempo *está más allá de la tercera dimensión*: el tiempo es la cuarta dimensión. Sus estudios se basaron principalmente en las claves matemáticas contenidas en los calendarios de la cultura maya.

Hasta hace algunos años, se creía que el tiempo era lineal. Se suponía que seguía una continuidad: pasado, presente y luego futuro. Ahora se está aceptando la teoría del tiempo circular, tal cual lo concebían los mayas, en donde todo es "presente eterno". Pasado, presente y futuro se unifican en el ahora. Cuando hacemos el relato de algo que sucedió, lo hacemos desde el presente, al igual que cuando proyectamos el futuro.

Es muy sanador repetir el concepto "aquí y ahora" para integrar todos nuestros cuerpos sin desperdiciar energía mental y emocional en lo que fue o será. Desde la conciencia maya, si nos integramos en el tiempo podemos vivir la unión de la humanidad sumando integridades, y así funcionar de acuerdo a los ciclos universales que siguen un orden sincrónico integrado.

En la tercera dimensión, el tiempo sigue un orden cíclico *cronológico*; en la cuarta dimensión, un orden *sincrónico*.

-¿Qué significa "orden cronológico"?
Significa un ordenamiento de los hechos por fechas.

-¿Qué significa "orden sincrónico"?
Implica un ordenamiento de sucesos que ocurren al mismo tiempo.

Todo lo que conocemos proviene del universo; éste contiene al ciclo galáctico; las galaxias contienen al ciclo estelar; los sistemas estelares contienen ciclos planetarios; los planetas contienen los ciclos de cada especie, y nosotros como especie actuamos dentro de un planeta que nos informa de los órdenes universales.

Habitamos el planeta Tierra que pertenece al sistema solar, cuyo Sol es llamado por los mayas *Kinich Ahau*. Este sistema, a su vez, está en la séptima órbita del multisistema estelar de las Pléyades, el cual gira alrededor del "sol central" de la galaxia llamado por los mayas *Hunab Ku*. Esta galaxia, en forma conjunta con miles de otras galaxias, danzan alrededor del "sol central" de este universo, y así infinitamente.

Es importante detallar que el cambio tan trascendental que se anuncia para el fin de ciclo en el año 2013 tiene que ver con una transformación que hará todo nuestro sistema solar, ya que cambiará de multisistema estelar pasando al de la estrella Sirio. Este sistema tiene 9 órbitas y en él la vida es más sutil que la conocida por nosotros hasta ahora. Por esta razón es preciso volver a la naturaleza del tiempo, *para poder dar ese salto a una conciencia más luminosa.*

(-Recordemos lo siguiente: el año 2013, denominado así de acuerdo al calendario gregoriano, resulta ser para los chinos el año 4711; para los musulmanes, el 1434, y para los judíos, el 5773 a partir del Rosh Hashaná. Esto evidencia la falta de unidad internacional con respecto a una cuestión básica como es el tiempo. La implantación de un nuevo calendario a nivel mundial, basado en la naturaleza, echaría por tierra todas estas diferencias, unificándonos bajo un mismo pulso temporal.)

José y Lloydine Argüelles descubrieron que existe la Ley del Tiempo, que se basa en el retorno al tiempo natural, el cual se manifiesta en los ciclos naturales de la Tierra, el Sol y la Luna.

La Tierra gira sobre su propio eje en 1 día, creando la conciencia del día y de la noche. La Luna gira alrededor de la Tierra 13 veces en un año a través de sus fases cíclicas de 28 días. Cada

Luna tiene 4 semanas de 7 días; si multiplicamos 4 x 7 tenemos como resultado 28, que equivale a un mes lunar. Además, como ya sabemos, la Luna tiene 4 fases (que no son exactamente de 7 días, ya que la iluminación sigue la medición sinódica, que es de 29,5 días cada período completo de luna llena a luna llena):

- Llena
- Menguante
- Nueva
- Creciente

La Tierra gira alrededor del Sol en 365 días, que al dividirlos por 28 nos da 13 Lunas, más 1 día extra. Cada año tiene 52 semanas.

Estos ciclos gobiernan los aspectos físicos de la vida tridimensional, pero el tiempo también tiene aspectos espirituales cuatridimensionales que responden al orden sincrónico.

La estrella que vemos con más brillo en el cielo es, en realidad, el planeta Venus, que posee un ciclo de 260 días. Los mayas se refieren a este ciclo de 260 como *Tzolkin* o Calendario Sagrado, y trabaja básicamente sobre nuestro espíritu.

El seguimiento de los ciclos solares lunares y de la Cuenta Sagrada Maya, nos hace vivir en el presente eterno, en el "ahora", lo que nos devuelve la sincronía con el orden y el movimiento universal. El orden espiritual del tiempo es vertical y mantiene al todo conectado, unificando y entretejiendo dimensiones. Esto sólo puede ser percibido por nuestra mente. Este orden es cósmico y se manifiesta como la Cuenta Sagrada Maya de 260 unidades.

Como sabemos, nuestro cuerpo también está codificado con los ciclos naturales del tiempo:

-Tengamos presente que somos seres solares, cumpliendo cada año un ciclo que nos determina una misión.

-A la vez, somos seres lunares, ya que tenemos un biorritmo de 28 días. En las mujeres se produce la manifestación del mismo en forma orgánica a través de la menstruación, y en los hombres se produce en los planos psicológicos y en su carácter.

-También somos seres galácticos, ya que la frecuencia 13:20 (como veremos seguidamente) está presente en nuestros cuerpos en las 13 articulaciones mayores (cuello, hombros, codos, caderas, muñecas, rodillas, tobillos) y en los 20 dedos. Así, el ciclo de 260 kines (que surge de multiplicar 13 por 20) vibra en la naturaleza humana.

La Ley del Tiempo es la base del conocimiento del tiempo, y viene funcionando desde el principio de la historia en todas las etapas evolutivas del hombre. Establece la base de la ciencia para este nuevo milenio. Existen 260 postulados que así lo definen. La ciencia de la Ley del Tiempo es la base del conocimiento para una tecnología espiritual avanzada.

La llamada "nueva ciencia" restaurará la biosfera y establecerá la cultura galáctica en la Tierra. El tiempo es una forma de biología de la información; esto se ve en cada forma viviente en sus etapas de crecimiento, de conexión en sociedad y en comunidad. El tiempo informa la vida, es información universal; recordemos que informar es "colocar la forma desde adentro". Vivimos esta forma y también la externalizamos, como por ejemplo nuestra forma humana: 2 ojos, 20 dedos... Somos "un cuerpo de tiempo".

El tiempo, entonces, es una frecuencia natural que se expresa en la relación matemática 13:20, que da orden a la vida volviendo a la sincronía multidimensional.

La Ley del Tiempo es "holonómica" (*holos* = todo). Significa que toma en cuenta *todas* las relaciones, como antes describimos. Es una "ciencia del entero", que parte de un sistema matemático entero y que estudia sistemas totales, integrando ciclos universales en donde cada parte refleja el todo.

Seguimos ciclos anuales que tienen que ver con el movimiento de nuestro planeta alrededor de nuestro Sol pero también estamos hablando del cierre de un subciclo de 5.200 años que tiene que ver con el movimiento de todo nuestro sistema solar alrededor del "sol central" de la galaxia *(Hunab Ku)*. El presente es el último de los 5 subciclos que conforman el Gran Ciclo de 26.000 años que tardamos en dar la vuelta completa.

Al decir que la Ley del Tiempo es holonómica estamos diciendo que establece una relación de cada parte con la totalidad, ya que todo es uno y cada parte nos aporta información del todo.

El tiempo es circular (uniéndose pasado, presente y futuro) porque no es una medida de duración: es el orden sincrónico del universo.

Sin ir más lejos, podemos darnos cuenta de que el tiempo del reloj es artificial cuando, por ejemplo, experimentamos la sensación de que un minuto en una fiesta no dura lo mismo que un minuto en una autopista congestionada. *Vivir el tiempo es sentirlo.*

Es muy común escuchar diariamente que "el tiempo es dinero" o que "el tiempo no nos alcanza". Ambas frases derivan de la frecuencia errónea y artificial 12:60 (12 meses el año, 60 minutos la hora) que sigue el reloj y el calendario gregoriano, regidos por la filosofía utilitaria y cuantitativa del tiempo.

La frecuencia "del nuevo tiempo", "del tiempo sin tiempo", es la 13:20, y lo que se experimenta es la disociación con el parloteo mental del ego.

La experiencia cuatridimensional que se produce al seguir un calendario ordenado como el de las 13 Lunas, es igual a la que sentimos cuando "vivimos" el arte, por ejemplo una danza, una pintura, etc., en donde *celebramos* la vida sin saber si pasó poco o mucho tiempo. De este modo, gozamos la plenitud de ser.

Con la imposición de la frecuencia artificial 12:60 a través del calendario gregoriano y el reloj, que marcan el tiempo mecanizado, se asoció el tiempo al dinero.

Al volver a la conciencia de tiempo natural y seguir sus ciclos, podemos sentir que el tiempo es arte y el arte es la canalización de la energía divina, y su manifestación en la tridimensión.

El tiempo natural permite que los cuerpos no envejezcan prematuramente y que la salud y la conciencia despierta sean la normalidad humana.

Los mayas son llamados *Guardianes del Tiempo*, ya que al vibrar en la cuarta dimensión siguiendo un calendario correcto y armónico como el de las 13 Lunas, tenían acceso a la entrada y salida de sucesos temporales.

Su civilización se basó en los viajes a través del tiempo. En el presente estamos accediendo otra vez a los viajes temporales, al

COLECCIÓN infinito   29

Año Solar

Frecuencia 12:60

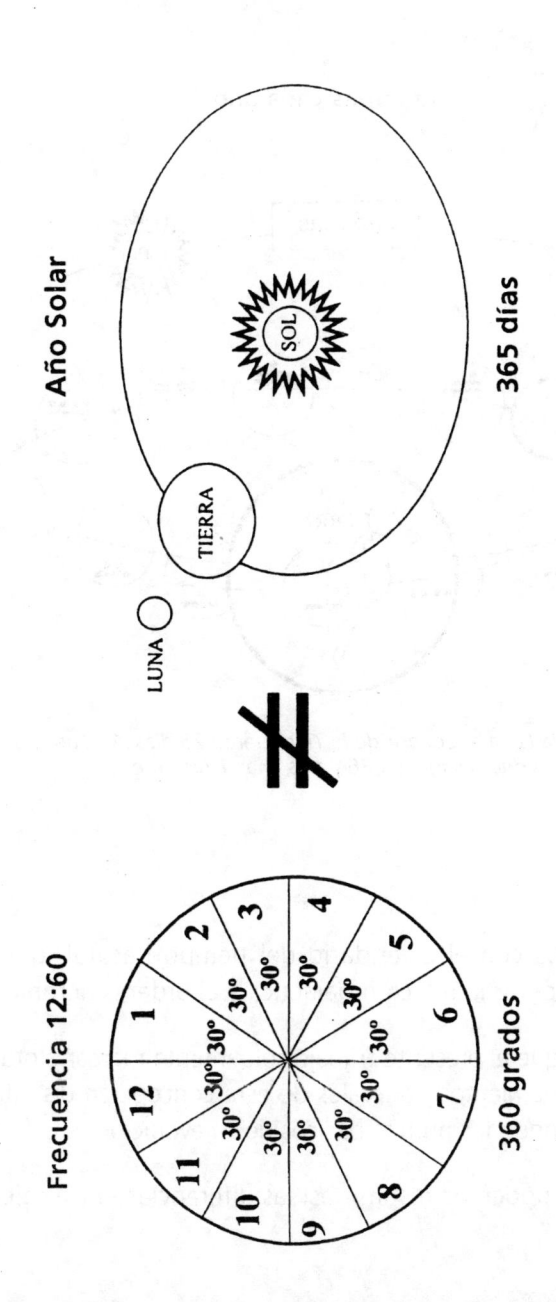

365 días

360 grados

Las 12 partes del calendario gregoriano y el reloj mecánico. La Tierra gira alrededor del Sol en 365 días, constituyendo el Año Solar.

Calendario maya

13 Lunas cada año

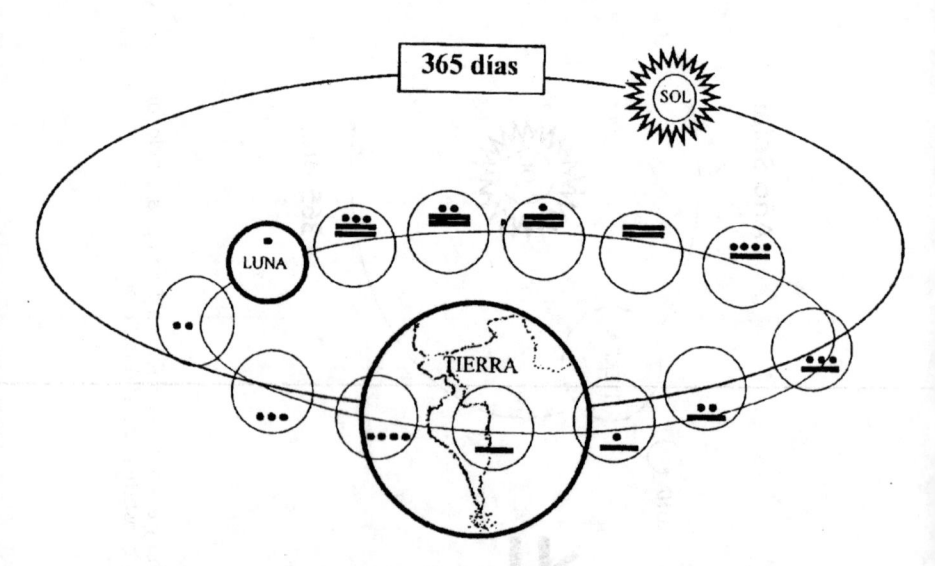

Cada giro de la Luna alrededor de la Tierra tarda 28 días. 13 Lunas por 28 días, es igual a 364 días, más 1 día libre.

sincronizarnos con el calendario del tiempo natural, que nos permite recuperar la relación galáctica y el orden sincrónico.

Recordemos que el presente trabajo sólo intenta marcar a grandes rasgos los lineamientos generales de esta concepción distinta del tiempo, aclarando los puntos básicos de su evolución.

A tal efecto, podemos resumir así las diferencias entre calendarios:

	CALENDARIO GREGORIANO	**CUENTA DE LAS 13 LUNAS**
ORIGEN:	Babilónico	Universal
PATRÓN:	Únicamente solar	Galáctico–solar–lunar
INICIO DE CICLO:	1 de enero: día dedicado al Sol	26 de julio: Sol alineado a Sirio
MEDIDAS:	Irregulares, arbitrarias y artificiales (12 meses de 28, 29, 30 ó 31 días)	Regulares, armónicas y naturales. (13 Lunas de 28 días)
TIEMPO:	Unidimensional: pasado, presente y futuro	Multidimensional: vertical, centrado en "el aquí y el ahora"
CARACTE-RÍSTICAS:	Lineal y cronológico	Radial y sincronológico
FUNCIONES:	Es función del espacio (3era. dimensión)	Es función de la mente (4ta. dimensión)
EFECTOS:	Conflicto, individualismo, desigualdad	Confianza, armonía, integridad
FILOSOFÍA:	El tiempo es dinero	El tiempo es arte

Este mensaje de José Argüelles nos da la conciencia del tiempo con claridad:

"Quien posee tu tiempo posee tu mente; posee tu propio tiempo y conocerás tu propia mente".

32   Calendario maya

A través de un análisis visual de los siguientes cuadros, podemos fácilmente detectar las irregularidades del calendario gregoriano y la armonía del Calendario de las 13 Lunas:

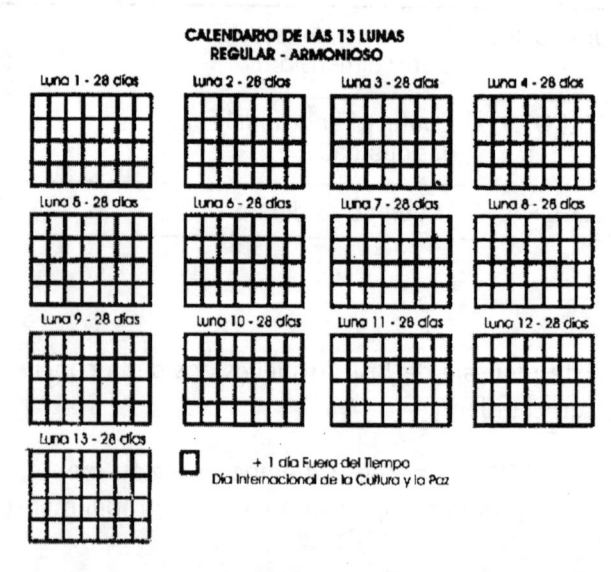

**CALENDARIO GREGORIANO
IRREGULAR - DESARMONIOSO**

Enero - 31 días   Febrero - 28 días   Marzo - 31 días   Abril - 30 días

A veces

Mayo - 31 días   Junio - 30 días   Julio - 31 días   Agosto - 31 días

Septiembre - 30 días   Octubre - 31 días   Noviembre - 30 días   Diciembre - 31 días

**CALENDARIO DE LAS 13 LUNAS
REGULAR - ARMONIOSO**

Luna 1 - 28 días   Luna 2 - 28 días   Luna 3 - 28 días   Luna 4 - 28 días

Luna 5 - 28 días   Luna 6 - 28 días   Luna 7 - 28 días   Luna 8 - 28 días

Luna 9 - 28 días   Luna 10 - 28 días   Luna 11 - 28 días   Luna 12 - 28 días

Luna 13 - 28 días

+ 1 día Fuera del Tiempo
Día Internacional de la Cultura y la Paz

Capítulo 3
¿Qué es un calendario?

HISTORIA

El término "calendario" deriva de la palabra latina *calendas*, nombre dado por los romanos a un libro de cuentas en donde el primer día de cada mes se registraban los impuestos o deudas que se debían pagar. Esta palabra establecería la filosofía de que "el tiempo es dinero".

Una palabra apropiada para registrar el tiempo sería, entonces, "cronómetro" (*chrónos*, tiempo) o simplemente "cuenta".

Un calendario es un sistema de división del tiempo; es un calibrador de ciclos galácticos y biológicos que sintoniza los sistemas planetarios con los patrones del tiempo universal.

- **¿Qué función debe cumplir un calendario?**

El calendario tiene la función de *ordenar la mente y sintonizarnos con los patrones reales del tiempo que marca la naturaleza.*

Es un convenio para nuestra organización social, conservando pautas de convivencia como festividades, tiempo de trabajo y descanso, días de celebraciones espirituales, etc.

Es un instrumento para medir el tiempo que programa la vida. Debe medir el ciclo galáctico, el solar, el lunar, el semanal y el diario.

- **¿Qué tipo de cuentas del tiempo existen?**

Conozcamos las siguientes cuentas:

* Cuenta solar

Sigue el ciclo anual solar masculino de traslación de la Tierra alrededor del Sol, dividiéndolo en partes no relacionadas con la Luna.

* Cuenta solar - lunar

Como el sistema prehistórico polinesio, el celta y el inca, se basa en el promedio de 28 días, dando un total de 13 Lunas al año más 1 día para completar la órbita solar.

* Cuenta galáctica - solar - lunar

Es el sistema más sofisticado de la historia. Es igual a la cuenta solar - lunar, pero considera a la estrella Sirio para el inicio del año, el 26 de julio. Fue el registro del tiempo utilizado solamente por 2 culturas: la egipcia y la maya. Ambas sintonizaban con el despuntar de Sirio en su alineación con nuestro Sol, el 26 de julio.

* Cuenta lunar

Como el sistema japonés, chino, islámico y hebreo, se basa en 12 lunaciones del *ciclo sinódico* de la Luna de 29,5 días. El año lunar tiene 354 días, y no tiene en cuenta la órbita solar.

Hay distintas mediciones de la Luna. En su *ciclo sinódico* gira sobre su propio eje cada 29,5 días; el *ciclo sideral* es de 27,33 días, siendo el tiempo que tarda en volver a un punto fijo en el cielo; el *ciclo tropical* es de 27,32 días y se establece tomando la longitud celestial, y el *ciclo draconiano* de 27,2 días se mide tomando el tiempo en el que la Luna regresa al mismo nodo.

Hay una diferencia de 11 días entre la duración de un año solar de 365,242199 días y el ciclo completo sinódico de 12 lunaciones, con 354,36706 días. El número de días en un ciclo sinódico de 13 lunaciones es de 383,5 con una discrepancia de 18,25 días más que el año solar.

El número 28 marca el ciclo de las fases lunares y establece, como dijimos, el biorritmo y la naturaleza femenina. Tomando este número como parámetro entero entre todas las mediciones fraccionarias, *el año estaría conformado por 13 Lunas de 28 días, más 1 día.*

- ## Las evidencias de un desorden histórico

Cuando el sacerdocio masculino toma el poder, asocia el año al Sol. Los egipcios enseñaron a los romanos a dividir el círculo de 360 grados en 12 partes iguales de 30 grados cada una, creando así un calendario solamente solar. Esto fue aproximadamente 3.000 años antes de Cristo, cuando dejaron de lado su anterior visión galáctica - solar - lunar.

También en Babilonia nace el calendario de 12 meses de 30 días, más otros 5 días de purificación. Este calendario se propagó hacia Grecia y después a Roma. Según la tradición, el primitivo calendario romano establecido en la época de Rómulo (fundador y primer Rey de Roma, hermano de Remo) tenía 304 días divididos en 10 meses (4 de 31 días y 6 de 30). Este calendario presentó grandes errores ya que tenía mucha diferencia de días con el ciclo solar. Se usó durante 38 años de 304 días, creando un desorden total ya que las estaciones quedaban desfasadas por completo.

Numa Pompilio, segundo Rey de Roma, le agregó meses. Dejó 4 meses de 31 días y cambió los 6 meses de 30 días por 7 meses de 29 días cada uno (ya que existía la creencia de que los meses pares daban mala suerte) y febrero, que era el último mes del año, tenía 27 días. La suma de días daba 354 días; como también era un número par, le agregó 1 día a febrero. De ese modo, sólo un mes sería par. Cada 2 años agregaban un *mercedinus*, que era un mes de 22 días, para ajustar los días faltantes del ciclo solar, aunque siempre faltaban.

Con la llegada de Julio César otra reforma se sucede, llevando al calendario a una duración de 363 días, agregándole 1 mes de 23 días, otro de 33 y otro de 34. Este año fue llamado "año de la confusión". Luego decidieron hacer un año solar de 365 ó 366 días ajustándolo con las estaciones, olvidándose de toda concordancia con las fases lunares.

La reforma de Julio César fue denominada "calendario juliano". Hubo varias modificaciones más en la época del Emperador Augusto, pero las estaciones continuaban desfasándose. La última corrección se realizó en 1582 por la vía eclesiástica, quedando un calendario de 365 días con una distribución desigual de jornadas, en donde algunas fechas religiosas son *permanentes* –como el 25 de diciembre, con la celebración del nacimiento de Jesús– y otras son *movibles*, como la Pascua.

- ¿Por qué el calendario actual se llama gregoriano?

Recibió su denominación por la reforma que hiciera el Papa Gregorio XIII (1502-1585), para compensar las desviaciones del calendario juliano. Fue llevada a cabo por Luigi Lilio, bajo el encargo del Sumo Pontífice. La corrección, saltando del día 4 al 15 de octubre de 1582, puso en marcha sus modificaciones inicialmente en Italia, España, Polonia y Portugal, llegando a América tiempo después. Gran Bretaña la adoptó recién en 1752, Rusia en 1918 y Turquía en 1927.

De acuerdo a los textos bíblicos, se sabía que la crucifixión se había producido al día siguiente de la Pascua judía. Como el calendario judío es lunar, la Pascua se calcula siempre de acuerdo a la Luna llena. En nuestro calendario gregoriano, que es solar, queda la Pascua *movible* porque este calendario no contempla la energía de la Luna. Además, de esta manera es establecida en fechas que no coincidan con la festividad judía.

Tengamos en cuenta que nuestro calendario gregoriano fue establecido por el Vaticano. Esta representación del tiempo artificial se terminó de corregir en 1582, luego de haberle quitado 10 días "porque sí", siendo finalmente impuesto en 1583. Así siguió hasta la actualidad.

La autoridad dada a este calendario guarda fidelidad a la edad cristiana medieval, y es mantenida en la actualidad por las autoridades vaticanas. El contexto histórico en el que se basa la imposición del calendario gregoriano es de gran importancia:

por un lado, el poder europeo instigado por la codicia material, y por otro, la necesidad de la Iglesia de reunir a las almas bajo su cruz.

Por esto, nadie que no siguiera ese calendario podía recibir bendiciones ni entrar a los templos, siendo considerado hereje.

- **La falsedad de un tiempo "contra natura"**

Un calendario que no goza de un orden natural sino de un desorden, lo irradia sobre los seres humanos que lo siguen, tanto a nivel mental como social y económico. Este calendario nos fue enseñado como un patrón establecido e inamovible, sin darnos explicación de su existencia. Podemos decir que nuestro calendario es así "porque sí".

Si desde la simpleza meditamos acerca de este calendario, no sabremos por qué empieza el 1ero. de enero y finaliza el 31 de diciembre. Si intentamos encontrar días "diferentes" o "especiales" serán los fines de semana, donde existe un descanso impuesto. Días como el de la madre, el del padre, del niño, etc., o bien fechas religiosas como la Pascua y la Navidad se tornaron para la mayoría de las personas en la posibilidad de un fin de semana largo, en "el show del huevo de Pascua", y los regalitos de Papá Noel.

Siguiendo este calendario actual se ingresa en un tiempo falso, en la rueda de trabajar para vacacionar o comprar cosas, estando desconectados de un sentido espiritual. Seguir un calendario desordenado sólo trae desorden, "amnesia" y desvinculación de la fuente de la vida.

EL 13, NÚMERO SAGRADO

Durante siglos nos transmitieron la creencia de que el 13 era un número nefasto, de mala suerte. Que todo lo que se programara en un día 13 saldría mal, sobre todo si era en martes o viernes. Es famoso el dicho que dice: "Un martes 13 no te cases ni te embarques". Incluso, al viernes 13 se lo considera "día de reunión de brujas".

De este modo, se infundió miedo y se tejió un mito en torno a este número. Pero si indagamos la historia nos daremos cuenta de que, en realidad, en las culturas más relevantes del planeta era un número sagrado.

Es importante recordar que Jesús, al estar con sus 12 discípulos, era "el factor + 1", o sea el 13 que completaba el círculo. También el rey Arturo era el decimotercero en la reunión de la Mesa Redonda junto a sus 12 Caballeros. En la medicina tradicional china, son 13 los meridianos que recorren nuestro cuerpo. La escala musical completa con sus sostenidos es de 13 tonos.

Quizás la respuesta se encuentre en que la magia del sagrado 13 fue ocultada para producir una "amnesia planetaria", en donde el materialismo se pudiera desarrollar y el falso poder pudiera reinar, manejado por algunos humanos. De todas maneras, no se trata de condenar, sino de crecer.

Veamos la visión maya acerca de este número tan especial. Los mayas de las tierras del Mayab trabajaron la sabiduría de la vibración del 13, ya que este número primo nos permite volver "al cielo", volver "a casa", reencontrando nuestro espíritu. Más que hablar del 13 los mayas hablaban del 12 + 1, en donde el 12 representa al número del templo y el 13 al Altísimo. De hecho, muchos monumentos presentan 12 columnas + 1 altar.

Se dice que hasta el número 12 se manifiesta la materia, como en las 12 hélices del ADN (nuestro código genético), y que "el factor + 1" hace la unión con lo espiritual.

Por esta razón de unión de los planos material y espiritual, es preciso abandonar todo lo relacionado con la frecuencia del 12 (como el reloj y los 12 meses del año gregoriano) ya que nos encarcelan en la identificación con la materia. Es importante recordar y reconocer la vibración del 13 para identificarnos con una mayor dimensión del ser. El 13 es la sutilidad del espíritu que reina sobre la materia.

Tenemos recuerdos de haber visto conceptos en películas y series televisivas como el túnel del tiempo, la máquina para viajar a otras épocas, el auto fantástico, etc., en donde estos objetos representaban el puente cuatridimensional del tiempo hacia otras realidades paralelas. El medio con el que contamos en "el aquí y el ahora" es el uso del Calendario Sagrado de las 13 Lunas, para volver a la conciencia y experiencia multidimensional que nos es natural.

Antes de continuar, es importante recordar que el Calendario Maya incluye 3 cuentas, las cuales funcionan en sintonía perfecta: la *Cuenta galáctica - solar - lunar,* cuya duración es de 365 días divididos en 13 lunas de 28 días más el día fuera del tiempo, iniciándose con el despuntar de la estrella Sirio el 26 de julio, tal cual vimos; la *Cuenta sagrada* o *del Tzolkin,* cuya duración es de 260 días relacionada con el ciclo de Venus, y la *Cuenta civil* o *del Haab,* que divide el año de 365 días en 18 meses de 20 días más 5 días de purificación.

A continuación, describo cada cuenta de la manera más sencilla posible, cada una en un Capítulo, ya que se trata de un conocimiento muy vasto que comprende conceptos específicos de difícil decodificación. Como me transmitiera mi maestra Lourdes Miranda, es indispensable en el mundo maya *sentir* el conocimiento y llegar a su comprensión *desde el recuerdo.*

A los fines que nos interesan en este libro, vamos a señalar tan solo las características más importantes de cada una, para acompañar el aprendizaje que, en virtud de su complejidad, necesita hacerse con una guía experimentada para ser abordado con seriedad.

Capítulo 4
Tun Uc:
la Cuenta galáctica - solar - lunar, el Calendario de 13 Lunas de 28 días

El Calendario de 13 Lunas de 28 días existe para sincronizar y coordinar sistemáticamente todos los sistemas de medición de tiempo en el orden superior de la matriz del tiempo cuatridimensional.

Sigue la cuenta solar-lunar dentro del gran ciclo galáctico y de los subciclos. Se basa en medidas regulares, armónicas y naturales. El concepto del tiempo que sigue es multidimensional, vertical, centrado en el aquí y el ahora. Es un calendario radial sincronológico. Considera al tiempo una función de la mente vibrando en cuarta dimensión.

Los efectos del uso de este calibrador natural son la confianza, la armonía, la integridad y la conciencia unificada. La filosofía que sigue es: "el tiempo es arte".

Este calendario o cuenta del tiempo comienza el llamado "día 1 de la Luna del Murciélago", que se correlaciona con la fecha 26 de julio del calendario gregoriano.

Como los mayas eran expertos en la lectura de los ciclos estelares y planetarios, este comienzo tiene una razón de ser, ya que ese día se produce una alineación de soles en el cielo, la estrella Sirio con el Sol (*Kinich Ahau*) y nuestro planeta. Este ordenamiento astronómico tiene su correspondencia en nuestra Tierra exactamente donde está construida la Pirámide del Sol de Teotihuacan en el Distrito Federal de México.

En ese día, la energía recibida por la pirámide es retransmitida a toda la red de pirámides planetarias magnetizando las aguas, las plantas, los animales, en fin: todo el planeta. En los seres humanos, la geometría sagrada de la pirámide está en la sangre misma, lo que nos hace receptores de este baño de luz que se produce cada comienzo de año.

Dijimos que es un calendario solar que respeta el ciclo masculino positivo que tarda la Tierra en dar la vuelta alrededor del nuestro Sol. Comienza el 26 de julio, finaliza el 24 de julio del año siguiente y completa el ciclo de 365 días con la celebración del 25 de julio. Este día, que simboliza "el factor + 1", es llamado "Día Verde". No es un día de la semana o del mes; es la pausa planetaria entre un año de 13 lunas y otro. Es el día que corrige la alteración producida por el día bisiesto, el 29 de febrero.

El Día Fuera del Tiempo ha sido celebrado mundialmente cada año, desde 1992, con un festival de paz a través de la cultura. Es un día de paz interplanetaria donde la reflexión, la meditación y el arte están presentes como vías de purificación, limpieza y preparación para recibir al día siguiente la energía del año que comienza.

El día 26 de julio fue fijado como iniciación del año en el libro sagrado maya del *Chilam Balam* de Chumayel.

Ya podemos darnos cuenta de la gran diferencia que existe entre el festejo de un final de año maya y uno gregoriano, en el que deseamos que termine teniendo la ilusión que encierra la frase: "Año nuevo, vida nueva". Esto es una fantasía.

El final del año maya nos permite agradecerle a la Madre Tierra, a la Luna, al Sol, por el año que pasó y por el aprendizaje recibido. Además, por unificarnos con otros seres que vibran en la misma sintonía, para juntos asumir el compromiso de llevar a cabo la misión del año que comienza.

Por ejemplo: el año de nacimiento de este libro (que abarca desde el 26 de julio del 2002 al 24 de julio del 2003), es "Luna Planetaria Roja". El día anterior al comienzo del año festejamos, meditamos y nos "purificamos", y el día 26 recibimos la energía del Sello de la Luna y del Tono musical "10 planetario" que la acompaña.

Vamos a la explicación. El Sello de la Luna representa la purificación a través de los fluidos y la recuperación del poder femenino, de la inspiración, de la sensibilidad. El Tono 10 nos indica la acción de perfeccionarnos y manifestar la perfección dejando fluir a la Luna. En este año, muchos movimientos emocionales a nivel planetario se estarán dando como así también muchos cambios a través de inundaciones, tormentas, olas de barro, ya que la madre Tierra es un ser viviente y también recibe la energía del año, limpiándose de impurezas.

Si sabemos con anticipación la energía que se va a mover en el año podemos vivirla más suavemente, con mayor preparación y adaptación a los sucesos que se presenten.

Volvamos a la distribución del año. Como dijimos, comienza el

26 de julio y finaliza el 24 de julio del año siguiente, quedando el "Día Verde" fuera del tiempo. Está dividido en 13 lunaciones de 28 días cada una. Cada Luna está relacionada con una constelación que tiene la forma de un animal diferente para cada período y es considerado el animal de poder de ese ciclo de tiempo. Las Lunas tienen una misión que se va entrelazando, hasta completar la misión del año.

Tal cual vimos, cada Luna se compone de 4 semanas de 7 días. Las semanas tienen una relevante función en la lunación:

- **La primera semana** es la iniciadora del conocimiento de la energía de la Luna; es la que siembra.

- **La segunda semana** purifica y alimenta la semilla sembrada mediante la humildad y a través de la meditación.

- **La tercera semana** transformamos nuestra conducta, gracias a la paciencia, esperando el florecimiento de la Luna.

- **La cuarta semana** festejamos, con el poder de la maduración, la producción del fruto.

El día 28 de cada Luna es el que corona la energía de todo ese ciclo que finaliza. En esta cuenta de 13 Lunas de 28 días + 1, reina el orden. Siguiéndola, recuperamos la sincronía con el orden natural.

Veamos una descripción de los ciclos lunares:

Luna 1 LUNA MAGNÉTICA DEL MURCIÉLAGO (26/07 al 22/08).
Luna del propósito.
En este período nos unificamos para establecer el propósito del año.

Luna 2   LUNA LUNAR DEL ESCORPIÓN (23/08 al 19/09).
Luna del desafío.
En este período determinamos los desafíos del año y buscamos la estabilidad para lograr el propósito del año.

Luna 3   LUNA ELÉCTRICA DEL VENADO (20/09 al 17/10).
Luna del servicio.
En este período se activa el propósito, vinculándonos y dándonos la energía del servicio.

Luna 4   LUNA AUTO-EXISTENTE DE LA LECHUZA (18/10 al 14/11).
Luna de la forma.
En este período se determina la forma en la que se llevará a cabo la misión del año.

Luna 5   LUNA ENTONADA DEL PAVO REAL (15/11 al 12/12).
Luna del esplendor.
En este período se toma el comando del propósito del año y se reúnen los recursos.

Luna 6   LUNA RÍTMICA DEL LAGARTO (13/12 al 09/01).
Luna de la igualdad.
En este período se organiza la misión buscando la igualdad y el equilibrio.

Luna 7   LUNA RESONANTE DEL MONO (10/01 al 06/02).
Luna de la sintonización.
En este período se abren canales y puertas para poder sintonizar la inspiración divina en relación al propósito del año.

Luna 8   LUNA GALÁCTICA DEL HALCÓN (07/02 al 06/03).
Luna de la integridad.

En este período le damos forma al propósito, integrando todas las partes.

Luna 9 LUNA SOLAR DEL JAGUAR (07/03 al 03/04).
Luna de la intención.
En este período pulsamos la realización del propósito.

Luna 10 LUNA PLANETARIA DEL PERRO (04/04 al 01/05).
Luna de la manifestación.
En este período perfeccionamos, producimos y manifestamos el propósito.

Luna 11 LUNA ESPECTRAL DE LA SERPIENTE (02/05 al 29/05).
Luna de la liberación.
En este período disolvemos los impedimentos y liberamos el logro del propósito.

Luna 12 LUNA CRISTAL DEL CONEJO (30/05 al 26/06).
Luna de la cooperación.
En este período nos dedicamos al logro del propósito, a través de la cooperación.

Luna 13 LUNA CÓSMICA DE LA TORTUGA (27/06 al 24/07).
Luna de la presencia.
En este período perseveramos para trascender la misión del año.

-¿Por qué hacían alusión a animales?

Porque veían la forma de ellos en las agrupaciones estelares de cada período lunar, tal como podemos ver en los dibujos. De esta manera obtenían el nombre y el animal de poder de cada Luna. Las cartas estelares reproducidas pertenecen al libro "El Zodíaco maya", de Hugh Harleston Jr.

Luna Magnética del Murciélago

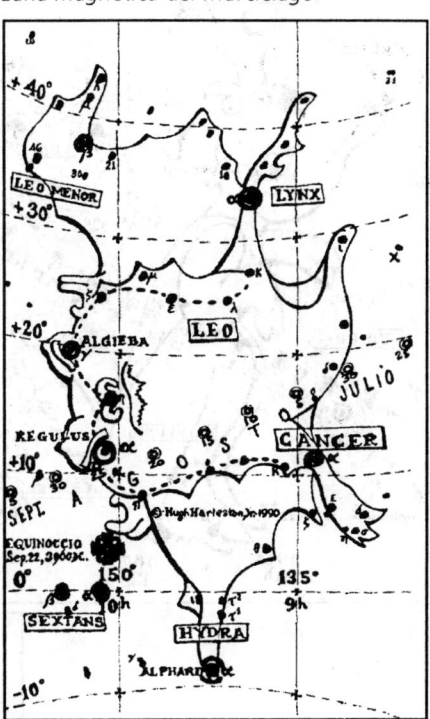

Luna Lunar del Escorpión

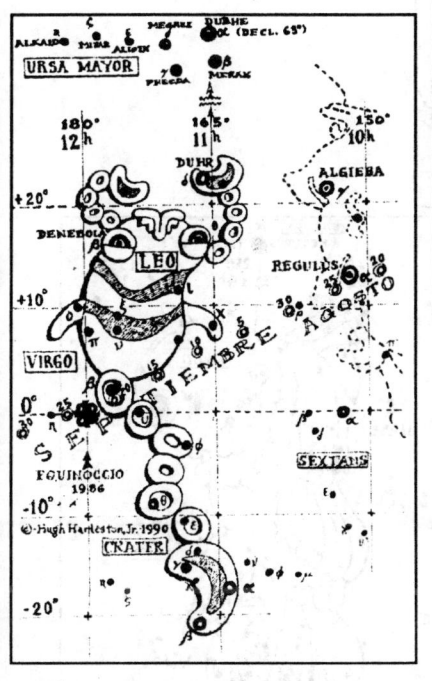

50   Calendario maya

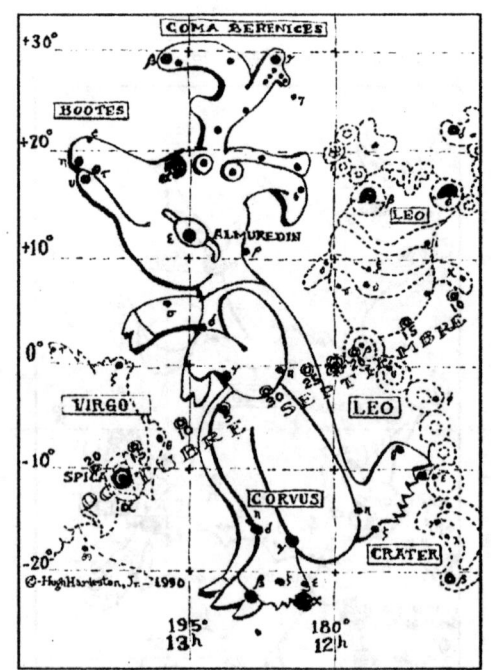

Luna Eléctrica del Venado

Luna Auto-existente de la Lechuza

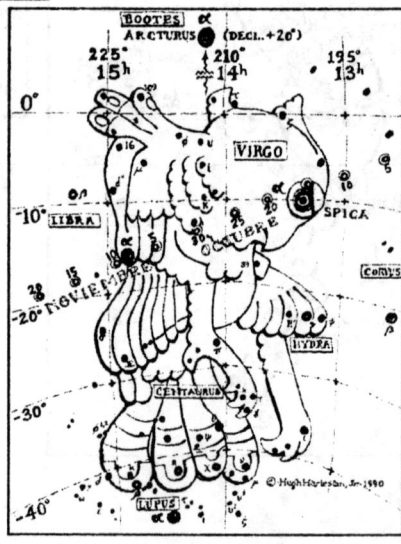

Luna Entonada del Pavo Real

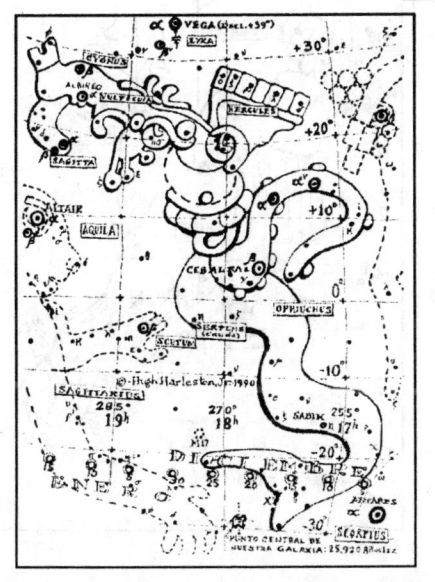

Luna Rítmica del Lagarto

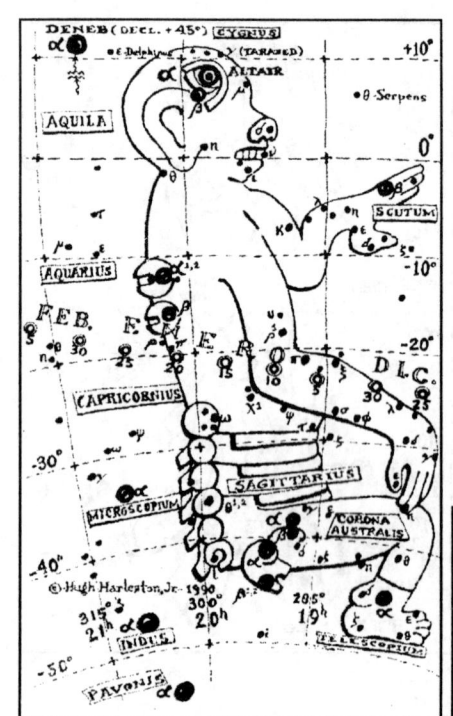

Luna Resonante del Mono

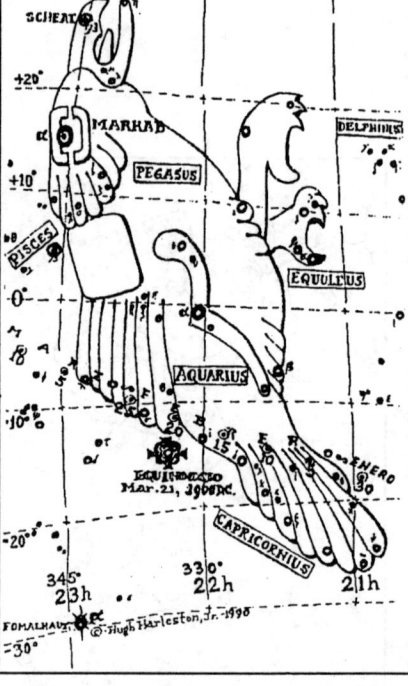

Luna Galáctica del Halcón

COLECCIÓN infinito 53

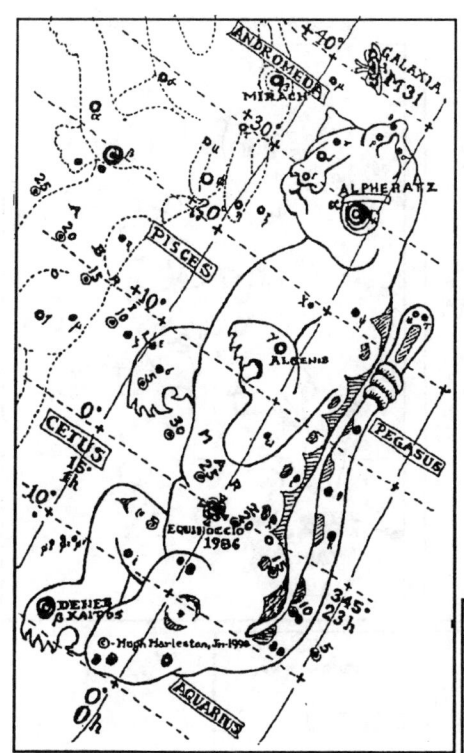

Luna Solar del Jaguar

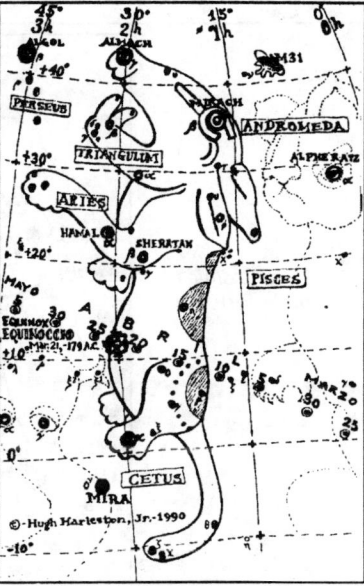

Luna Planetaria del Perro

Calendario maya

Luna Espectral de la Serpiente

Luna Cristal del Conejo

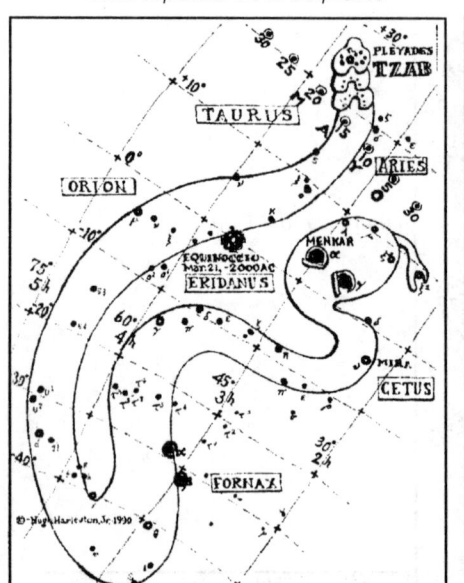

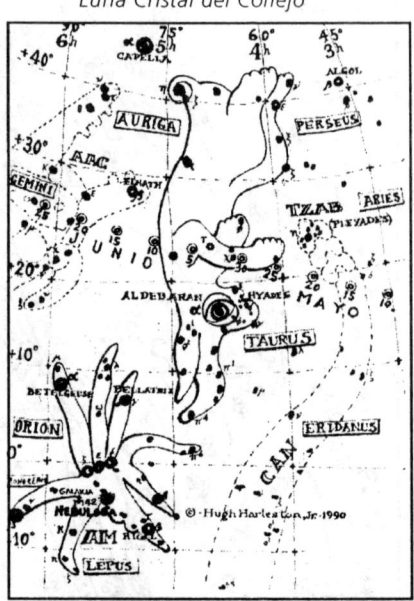

Luna Cósmica de la Tortuga

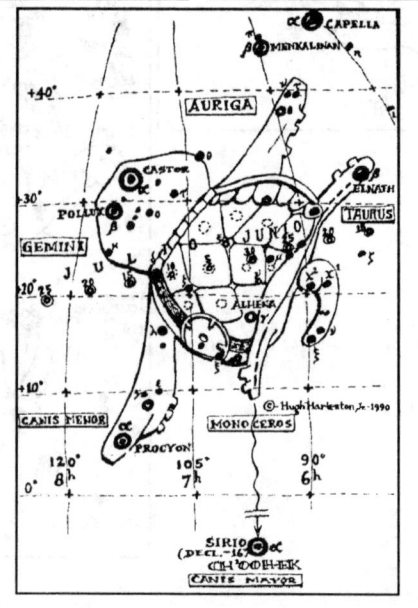

Capítulo 5
El Tzolkin: la Cuenta sagrada de 260 días

El término "sincrónico" viene del griego *sin cronos*, que significa "juntos en el tiempo". El orden sincrónico es el orden del tiempo que nos unifica en la armonía, la paz y el arte.

Esta cuenta surge de multiplicar la frecuencia del tiempo verdadero (o sea, los 13 Tonos) por los 20 Sellos Sagrados, dando como resultado las 260 unidades denominadas *kines*, que conforman un ciclo galáctico completo del orden sincrónico.

El giro galáctico de 260 kines es un vórtice de tiempo que gira infinitamente en espiral, sincronizando cada 52 años con el Calendario de las 13 Lunas.

Sigue una frecuencia que conecta los 20 Sellos Solares horizontales con los 13 Tonos galácticos ubicados verticalmente en la Matriz Sagrada llamada Tzolkin, como veremos más adelante.

El modulo armónico de la cuenta sagrada es equivalente a la tabla de permutaciones llamada *Buk Xok*, una matriz matemática simple. El Tzolkin es una tabla periódica de frecuencia galáctica que muestra la manifestación perfecta de la Ley del Tiempo.

Lo que está tejido en el Telar Maya es la matriz de 260 unidades basada en la combinación de los 20 Sellos Solares, símbolos, glifos, y los 13 números o Tonos galácticos. En esta matriz del tiempo hay 52 portales de activación galáctica, los cuales son unidades de sensibilidad distinta, diferente a las 208 unidades restantes.

Éste es un tejido de 260 umbrales que comunican a nuestra mente claves de información necesarias para relacionarnos y trabajar con el mundo que nos rodea.

Abordemos ahora los 20 Sellos Sagrados. La sucesión infinita de estas energías nos permite vivenciar ciclos de renacimiento cada 20 días, transitando un camino de *iniciación espiritual*.

LOS 20 SELLOS SOLARES SAGRADOS

Los 20 Sellos son *glifos* (representaciones de esencias o pulsaciones solares), cada uno con una misión diferente dentro del ciclo de la vida. Cada Sello reúne a una tribu, que son todos los seres o días que pertenecen a esa energía.

- *NOTA: En la plantilla a color que entregamos junto a cada ejemplar de este libro, podemos ver el glifo de cada Sello con su color y una síntesis de su Característica Fundamental, su Poder y su Acción. En su reverso, compartimos la misión de cada año hasta el final del ciclo.*

Hay diferentes clasificaciones. Veamos las más importantes:

- **Ordenamiento según las razas**

* **RAZA ROJA** - *Iniciadores*

-DRAGÓN *(IMIX)*
-SERPIENTE *(CHICCHÁN)*
-LUNA *(MULUC)*
-CAMINANTE DEL CIELO *(BEN)*
-TIERRA *(CABÁN)*

* **RAZA BLANCA** - *Refinadores*

-VIENTO *(IK)*
-ENLAZADOR DE MUNDOS *(CIMÍ)*
-PERRO *(OC)*
-MAGO *(IX)*
-ESPEJO *(ETZNAB)*

* **RAZA AZUL** - *Transformadores*

-NOCHE *(AKBAL)*
-MANO *(MANIK)*
-MONO *(CHUEN)*
-ÁGUILA *(MEN)*
-TORMENTA *(CAUAC)*

* **RAZA AMARILLA** - *Maduradores*

-SEMILLA *(KAN)*
-ESTRELLA *(LAMAT)*

-HUMANO *(EB)*
-GUERRERO *(CIB)*
-SOL *(AHAU)*

- **Ordenamiento según los clanes**

* **CLAN DEL FUEGO**

A este clan pertenece el Sol, el Dragón, el Viento, la Noche y la Semilla.

* **CLAN DE LA SANGRE**

A este clan pertenece la Serpiente, el Enlazador de mundos, la Mano, la Estrella, y la Luna.

* **CLAN DE LA VERDAD**

A este clan pertenece el Perro, el Mono, el Humano, el Caminante del cielo y el Mago.

* **CLAN DEL CIELO**

A este clan pertenece el Águila, el Guerrero, la Tierra, el Espejo y la Tormenta.

Para que la descripción sea simple, vamos a relatarla como un cuento para niños del alma, para esos niños que Jesús decía que entrarían al Reino de los Cielos con su inocente y amorosa sabiduría, más allá de la edad cronológica. En este relato veremos cómo nos vamos transformando desde el fuego en sangre, en verdad, en cielo, y volvemos al fuego.

Cuando salimos de la fuente creadora de Dios venimos con la

fuerza del fuego universal iluminados como *Soles*. En nuestra esencia traemos la memoria cósmica del *Dragón* que nos nutre con su conocimiento. Somos comunicados por el espíritu del *Viento*, que avisa de nuestra llegada a la *Noche* que sueña y sueña con un despertar abundante. Su deseo es tan claro y fuerte que se engendra la *Semilla*, trayendo la perfección y la magia de la vida que florece dando paso a la *Serpiente*.

Ella produce la encarnación, iniciando la sangre y tratando de sobrevivir. El *Enlazador* nos da conciencia de trascendencia uniendo los mundos, en donde la *Mano* nos realiza conociendo, palpando y sanando impurezas terrenales para poder brillar como la *Estrella* en armonía con la belleza y el arte.

Así redescubrimos el poder de la *Luna,* que fluye en la inspiración divina, purificándonos. El *Perro* nos recuerda la verdadera energía elevadora del amor universal. Despiertos a la realidad, volvemos a jugar como el *Mono* con mucha alegría, dejando atrás las limitaciones personales. El *Humano* abre las puertas de la sabiduría con las llaves de la libre voluntad, atravesando el portal.

El *Caminante del cielo* explora nuevos espacios donde encuentra el poder de la profecía. Se cierra así el clan de la verdad con la presencia del *Mago,* que vibra en el tiempo real del "no tiempo". El vuelo del *Águila* nos eleva, creando nuevas visiones que reavivan a nuestro *Guerrero* del arco iris quien, usando la inteligencia, transita el camino de la paz que nos lleva a la *Tierra* para la gran sincronización. Navegamos por el laberinto del *Espejo* hacia la eternidad, impulsados por la *Tormenta* que nos permite autogenerar y volver a la luz del Sol... y así termina o comienza el ciclo sin fin.

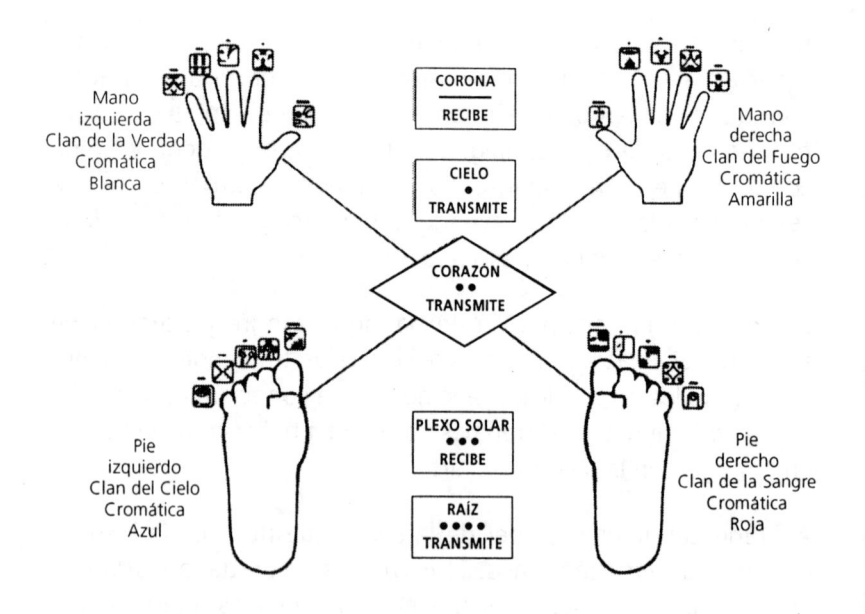

Los 20 Sellos Solares y su correspondencia en los 20 dedos de las manos y los pies.

Descripción más amplia de los Sellos Solares

- *DRAGÓN*

Este Sello está gobernado por Neptuno, que le aporta misticismo y meditación. Está regido por el chakra laríngeo, y se ubica en el dedo índice de la mano derecha por donde transita el meridiano del intestino grueso. La esencia es el origen, la nutrición, el nacimiento, la fuente de vida, el agua primordial. Tiene la energía de la madre cósmica. Es la unión con el ser interno en busca de la memoria cósmica. "Abre tu ser al alimento de la vida."

- *VIENTO*

Este Sello está gobernado por Urano, que le aporta energía de cambios revolucionarios. Está regido por el chakra del corazón, y se ubica en el dedo mayor de la mano derecha, por donde transita el meridiano de circulación y energía sexual. La esencia es la vida, el aliento divino, la comunicación espiritual, el poder del verbo creativo. "Deja que el aliento divino te guíe para comunicar sus verdades."

- *NOCHE*

Este Sello está gobernado por Saturno, que le aporta la enseñanza del autoconocimiento y la responsabilidad. Está regido por el chakra del plexo solar, y se ubica en el dedo anular de la mano derecha por donde transita el llamado meridiano del triple calentador, que es el que regula las temperaturas corporales. La esencia es la introspección, el viaje al subconsciente, el encuentro de la abundancia interior para luego manifestarla, conectando con el plano de los sueños y la intuición. "Recibe y entrega la abundancia."

- *SEMILLA*

Este Sello está gobernado por Júpiter, que le aporta expansión, alegría y jubileo. Está regido por el chakra raíz, y se ubica en el dedo meñique de la mano derecha por donde transitan los meridianos del intestino delgado y del corazón. La esencia es el poder del florecimiento espiritual, la maduración, la siembra y la cosecha de la buena semilla, la verdad espiritual universal. "Planta la semilla esencial iluminándola para que florezca."

- *SERPIENTE*

Este Sello está gobernado por Maldek (cadena de asteroides), que le aporta la energía de la sincronización. Está regido por el chakra corona, y se ubica en el dedo grande del pie derecho por donde transitan los meridianos del hígado, el bazo y el páncreas. La esencia es la fuerza vital que le permite sobrevivir, vivir por encima de lo común sublimando la energía sexual a través de la kundalini. "Eleva tu serpiente hacia los planos del espíritu."

- *ENLAZADOR DE MUNDOS*

Este Sello está gobernado por Marte, que le aporta liderazgo, valentía y audacia. Está regido por el chakra de la laringe, y se ubica en el segundo dedo del pie derecho por donde transita el meridiano del estómago. La esencia es la muerte como trascendencia del ego; es el hacedor de puentes entre mundos, el que enlaza. "Deja el dominio del ego para transitar el mundo del alma."

- *MANO*

Este Sello está gobernado por la Tierra, que le aporta la trascendencia de la dualidad. Está regido por el chakra del corazón, y se ubica en el dedo medio del pie derecho por donde transita el meridiano del riñón. La esencia es la realización, a la cual llega a través del conocimiento. Representa la sanación, la amistad, la generosidad. "Descubre el mundo que está en tus propias manos."

- *ESTRELLA*

Este Sello está gobernado por Venus, que le aporta amor, arte, belleza, diplomacia, servicio, pureza, claridad. Está regido por el chakra del plexo solar, y se ubica en el cuarto dedo del pie derecho por donde transita el meridiano de la vesícula biliar. La esencia es el arte, la belleza, la armonía y la elegancia. "Haz que el brillo de tu estrella sea desde el alma, en plena armonía con el universo."

- *LUNA*

Este Sello está gobernado por Mercurio, que le aporta discernimiento, buena comunicación e inteligencia. Está regido por el chakra raíz, y se ubica en el dedo pequeño del pie derecho por donde transita el meridiano de la vejiga. La esencia es el fluir, la purificación a través de los fluidos universales, la sensibilidad, el don maternal, la femineidad, el arte, el carácter cambiante. "Recupera el poder de la Luna, de la diosa, en ti."

- *PERRO*

Este Sello también está gobernado por Mercurio, que le aporta discernimiento, buena comunicación e inteligencia. Está regido por el chakra corona, y se ubica en el dedo pulgar de la mano izquierda por donde transita el meridiano del pulmón. La esencia es el amor incondicional, la lealtad, la fidelidad, el servicio y el poder del corazón. "Une tu corazón al corazón único y absoluto de Dios y sé fiel a esa unión."

- *MONO*

Este Sello está gobernado por Venus, que le aporta amor, arte, belleza, diplomacia, servicio, pureza, claridad. Está regido por el chakra laríngeo, y se ubica en el dedo índice de la mano izquierda por donde transita el meridiano del intestino grueso. La esencia es el juego, la transformación que se produce a través del humor y la alegría. Tiene magnetismo por su carisma, y dotes para la matemática y la ciencia en general. "Recuerda que la vida es un gran juego donde la alegría y el humor son puertas para la trascendencia."

- *HUMANO*

Este Sello está gobernado por la Tierra, que le aporta facilidad para trascender la dualidad. Está regido por el chakra cardíaco, y se ubica en el dedo mayor de la mano izquierda por donde transita el meridiano de circulación y energía sexual. La esencia es la libre voluntad, la sabiduría; es receptor de la inteligencia divina, y posee capacidad para la comunicación con el conocimiento ancestral de los aborígenes de la Tierra. "Que tu sabiduría respete el libre albedrío de todos los seres y esté integrada a toda tu alma."

- *CAMINANTE DEL CIELO*

Este Sello está gobernado por Marte, que le aporta liderazgo, valentía y audacia. Está regido por el chakra del plexo solar, y se ubica en el dedo anular de la mano izquierda que está relacionado con el meridiano del triple calentador. La esencia es la exploración (tanto de los espacios internos como externos), la investigación, es vigilante de la verdad, el que une el cielo y la Tierra. "Participa en la creación de la nueva Tierra, liderando desde el espíritu."

- *MAGO*

Este Sello también está gobernado por el planeta Maldek (cadena de asteroides), que le aporta la energía de la sincronía. Está regido por el chakra raíz, y se ubica en el dedo meñique de la mano izquierda por donde circulan los meridianos del corazón y el intestino delgado. Su esencia es la de vivir el presente eterno ya que goza del don de la atemporalidad; conoce las dimensiones paralelas y la condición mágica del tiempo. "Recuerda la magia de vivir el hoy integrándote al universo."

- *ÁGUILA*

Este Sello está gobernado por Júpiter, que le aporta expansión, alegría, jubileo. Está regido por el chakra corona. Se ubica en el dedo grande del pie izquierdo, por donde circulan los meridianos del hígado, bazo y páncreas. La esencia es la creación de una visión más amplia y aguda, el vuelo, la objetividad, la intuición. "Usa el poder de tu mente para crear la nueva Tierra donde todos sean libres de volar al cielo."

- *GUERRERO*

Este Sello está gobernado por Saturno, que le aporta la enseñanza del autoconocimiento y la responsabilidad. Está regido por el chakra laríngeo, y se ubica en el segundo dedo del pie izquierdo por donde transita el meridiano del estómago. La esencia del Sello es la inteligencia unida al sentir, alcanzando planos superiores del ser; es un gran cuestionador, valiente, intrépido, un Guerrero del arco iris que trabaja por la paz de la nación arco iris. "Despliega la estrategia de la paz y el amor para lograr la victoria de la luz en la Tierra."

- *TIERRA*

Este Sello está gobernado por Urano, que le aporta la energía revolucionaria del cambio creativo. Está regido por el chakra del corazón, y se ubica en el dedo medio del pie izquierdo por donde transita el meridiano del riñón. Su esencia es la evolución de la navegación, la sincronía, la armonización y la materialización. "Sé como la madre Tierra que nos abraza con su belleza."

- *ESPEJO*

Este Sello está gobernado por Neptuno, que le aporta misticismo, meditación y discernimiento. Está regido por el chakra del plexo solar y se ubica en el cuarto dedo del pie izquierdo por donde transita el meridiano de la vesícula biliar. Su esencia es el orden interno y externo que lo lleva por el laberinto de los Espejos, para cortar lo que no sirve con su espada de luz y así encontrar el sinfín. Vive en el reino espiritual y actúa con el corazón universal. "Refleja tu luz y aprende con el Espejo que te presentan otras personas y situaciones."

- *TORMENTA*

Este Sello está gobernado por Plutón, que le aporta la energía de la muerte y la resurrección. Está regido por el chakra raíz, y se ubica en el dedo meñique del pie izquierdo por donde transita el meridiano de la vejiga. La esencia es catalizar para autogenerar energía; realiza transformaciones aceleradas, fuerza revolucionaria, rapidez, decisión. "Que tu fuerza catalice la transformación humana para acceder a una vida más sutil y armoniosa."

- *SOL*

Este Sello también está gobernado por Plutón, que le aporta la energía de la muerte y la resurrección. Está regido por el chakra corona, y se ubica en el dedo pulgar de la mano derecha por donde circula el meridiano del pulmón. Su esencia es la iluminación, el fuego universal, la vida, la alegría. "Abre tus rayos de luz y expándelos."

- *Los meridianos a los cuales hicimos referencia en cada Sello son los de la medicina china. Cuando alguno de ellos está en desarmonía, puede mejorar si meditamos en el Sello. Hacemos a continuación una pequeña descripción de algunas de las afecciones que se manifiestan cuando el funcionamiento está alterado, y de las emociones que las provocan. También es válido este detalle para cuando nos accidentamos algún dedo. (Sepamos también que existe un decimotercer meridiano, que circula por delante y por detrás de la columna* vertebral, y que gobierna a los otros 12. Es llamado vaso gobernador de la concepción.)

Meridianos

- Pulmón

Catarro, mucosidades, asma, bronquitis, neumonías, son provocados por baja autoestima, depresión y tristezas.

- Intestino grueso

Constipación o diarrea, hemorroides, congestión nasal, son provocados por incapacidad de expresar las emociones. Apego a objetos del pasado o a situaciones dolorosas. Instinto de acumulación.

- Corazón

Tartamudeo, excesivo calor o frío en manos, palmas húmedas, peso en el pecho, infartos, son provocados por excesiva tensión nerviosa. Problemas sentimentales.

- Intestino delgado

Dolores de muñecas, codos cervicales, cansancio, desórdenes menstruales, calambres en piernas, son provocados por represión de recuerdos dolorosos y/o emociones inaceptables.

- Estómago

Bostezos, cansancio, sequedad de labios, acidez, eructos, úlceras, son provocados por insatisfacciones e incapacidad de aceptar, comiendo como compensación.

- Bazo y páncreas

Problemas de rodillas, anemia, alergias, diabetes, son provocadas por preocupaciones constantes, pensamientos obsesivos, persecución y excesivo uso de la mente.

- Vejiga

Cistitis, glúteos "fofos" o hipertensos, espalda muy rígida, zona lumbar débil, son provocados por exceso de tensión nerviosa y reacciones exageradas.

- Riñón

Caída del cabello, osteoporosis, zumbido en oídos, reflejos lentos, problemas de próstata, son provocados por miedos, fobias, debilidad y por no tomar riesgos.

- Circulación – Sexo

Insomnio, inhibición o irregularidad en el instinto sexual, desconexión de las emociones, presión anormal, calor en la cabeza y frío en las extremidades, son provocados por agotamiento, exceso de concentración y/o sobrecarga de trabajo, y agitación emocional.

- Triple calentador (regula las temperaturas corporales)

Hipersensibilidad al dolor, picazón, cosquilleo, alergias, tensión corporal, inflamación de nódulos linfáticos, son provocados por la dificultad para relacionarse con los demás, actitud defensiva, y temor a los otros.

- **Hígado**

Hepatitis, debilidad articular, vómitos, fatiga acumulada, falta de flexibilidad muscular, hinchazón, dolor de cabeza frontal, dolor en la zona media de la espalda, son provocados por ira, quejas, impaciencia, escaso humor, aburrimiento y necesidad de cambio.

- **Vesícula biliar**

Fatiga, articulaciones rígidas, nódulos linfáticos del cuello inflamados, escalofríos, migrañas en sienes, vista cansada, cálculos, son provocados por indecisión, frustración, fatiga mental, prisa continua, y exceso de excitación.

Cada día se corresponde con un Sello y tiene la esencia del mismo. Este Sello funciona en orden con 4 más que lo acompañan, y son:

-*El análogo*, que es el que refuerza la misión del día.

-*El guía*, que orienta.

-*El antípoda*, que le recuerda cómo realizar mejor la misión.

-*El oculto*, que lo impulsa.

Veamos un ejemplo para tener una visión más profunda. Dijimos que este año es el Sello de la Luna y que su objetivo es la purificación; el Perro es su análogo que lo ayudará apoyando los procesos de limpieza con mucho amor; la Tierra será guía y nos indicará la urgencia de lo que es preciso purificar primero; la Tormenta está como antípoda para recordarnos que las depuraciones deben hacerse en forma acelerada; y el Humano nos impulsará con su sabiduría para que tomemos conciencia de que es necesario realizar la misión del año para poder crecer.

LOS 13 TONOS DE LA CREACIÓN

Al explicar la magia del 13, vimos que para los mayas representa una vibración muy importante ya que en la cuenta del Tzolkin nos determina la acción que se debe desarrollar cada día en cada kin. Veamos una descripción de cada uno:

- *TONO 1*

●

Se llama *HUN*, que significa magnético y se representa con un punto. Este Tono identifica el propósito; unifica, estableciendo objetivos y metas. En el cuerpo se asocia a la articulación del tobillo derecho, relacionado con la energía masculina. Musicalmente se corresponde con el Tono Do.

- *TONO 2*

● ●

Se llama *KA*, que significa lunar y se representa con 2 puntos. Este Tono identifica el desafío, descubriendo los obstáculos que nos impiden llegar al propósito. Polariza para alcanzar la estabilidad, el equilibrio. En el cuerpo se asocia a la rodilla derecha, y está relacionado con la energía masculina. Musicalmente se corresponde con el Tono Do +.

- *TONO 3*

● ● ●

Se llama *OX*, que significa eléctrico y se representa con 3 puntos. Este Tono identifica el servicio; reúne, activa, promueve para lograr el propósito. En el cuerpo se asocia con la cadera derecha, y está relacionado con la energía masculina. Musicalmente se corresponde con el Tono Re.

- *TONO 4*

● ● ● ●

Se llama *KAN*, que significa autoexistente y se representa con 4 puntos. Este Tono identifica la forma de actuar y la define, midiendo todas las posibilidades de accionar. Decide cómo actuar para lograr el propósito. En el cuerpo se asocia a la muñeca derecha, relacionada con la energía masculina. Musicalmente se corresponde con el Tono Re +.

- *TONO 5*

▬

Se llama *HO*, que significa entonado y se representa con una raya. Este Tono reúne los recursos para comandar y dar poder al propósito. En el cuerpo se asocia al codo derecho relacionado con la energía masculina. Musicalmente se corresponde con el Tono Mi.

- *TONO 6*

●
▬

Se llama *UAK*, que significa rítmico y se representa con un punto sobre una raya. Este Tono organiza la igualdad, equilibra administrando el desafío, concilia para ordenar el logro del propósito. En el cuerpo se asocia con el hombro derecho y está relacionado con la energía masculina. Musicalmente se corresponde con el Tono Fa.

- *TONO 7*

● ●
▬

Se llama *UUK*, que significa resonante y se representa con 2 puntos sobre una raya. Este Tono canaliza la energía, inspira la afinación, sintoniza; es servicio y acción para lograr el propósito. En el cuerpo se asocia con la articulación del cuello y está relacionado con la unificación de las energías masculina y femenina. Musicalmente se corresponde con el Tono Fa +.

- *TONO 8*

●●●

Se llama *UAXAK*, que significa galáctico y se representa con 3 puntos sobre una raya. Este Tono integra, armoniza y modela buscando el camino correcto para el logro del propósito. En el cuerpo se asocia con el hombro izquierdo y está relacionado con la energía femenina. Musicalmente se corresponde con el Tono Sol.

- *TONO 9*

●●●●

Se llama *BOLON*, que significa solar y se representa con 4 puntos sobre una raya. Este Tono pulsa la intención, moviliza, realiza, pone en acción el propósito. En el cuerpo se asocia con el codo izquierdo y está relacionado con la energía femenina. Musicalmente se corresponde con el Tono Sol +.

- *TONO 10*

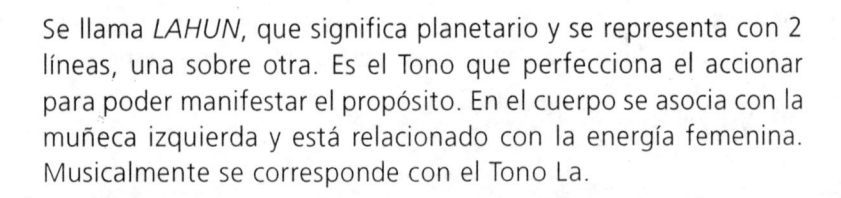

═

Se llama *LAHUN*, que significa planetario y se representa con 2 líneas, una sobre otra. Es el Tono que perfecciona el accionar para poder manifestar el propósito. En el cuerpo se asocia con la muñeca izquierda y está relacionado con la energía femenina. Musicalmente se corresponde con el Tono La.

- *TONO 11*

  •
  =
  =

Se llama *BULUK*, que significa espectral y se representa con un punto sobre 2 líneas superpuestas. Este Tono disuelve, liberando, divulgando; va hacia la evolución superior. En el cuerpo se asocia con la cadera izquierda y está relacionado con la energía femenina. Musicalmente se corresponde con el Tono La +.

- *TONO 12*

  ••
  =
  =

Se llama *LAHAK*, que significa cristal y se representa con 2 puntos sobre 2 líneas superpuestas. Este Tono universaliza, se dedica cooperando para llegar al propósito, reúne a la mesa redonda en trabajo grupal. En el cuerpo se asocia con la rodilla izquierda y está relacionado con la energía femenina. Musicalmente se corresponde con el Tono Si.

- *TONO 13*

  •••
  =
  =

Se llama *OXLAHUN*, que significa cósmico y se representa con 3 puntos sobre 2 líneas superpuestas. Este Tono trasciende, perdurando en la presencia; posee el vuelo mágico, se mantiene más allá del tiempo y el espacio. En el cuerpo se asocia con el tobillo izquierdo y está relacionado con la energía femenina. Musicalmente se corresponde con el Tono Do de la siguiente octava musical.

- *A través de tu fecha de nacimiento puedes conocer cuál es tu Raza, Sello y Tono; de esta manera, puedes determinar* qué Misión te toca realizar en este tiempo en el planeta. En el Codificador del Tiempo que se presenta a continuación puedes realizar la búsqueda.

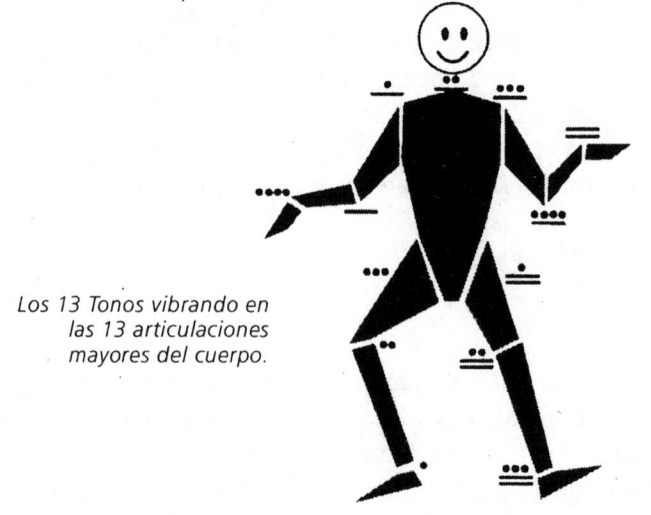

Los 13 Tonos vibrando en las 13 articulaciones mayores del cuerpo.

CÓMO ENCONTRAR TU MISIÓN DE VIDA

Con el uso de las tablas que componen el Codificador del Tiempo (incluidas a continuación) se obtienen Umbrales o puertas galácticas formadas por un Tono y un Sello que determinan una Misión. ¿Cómo se utilizan? Muy simple. Necesitamos una fecha precisa y completa: día, mes y año. Tengamos presente que para los mayas no existe el 29/2. Si naciste en esta fecha antes del mediodía buscarás el 28/2 y si fue después de esta hora buscarás el 1/3.

Veamos tres ejemplos para clarificar más. Usaremos en primer lugar la fecha de nacimiento de Mahatma Gandhi, el 2/10/1869. 1) Buscamos en la Tabla A el año gregoriano 1869. Al final del renglón encontramos un número que apuntamos, o sea 123. 2) En la Tabla B buscaremos el mes y día, o sea 10/2; anotamos el N° de ese casillero, en este caso el 69. 3) Sumamos ambos números (123 + 69) = 192 (en este caso, si la suma da más de 260 le restamos esta cifra, como se verá en el 3er. ejemplo). 4) En la Tabla C, el sagrado Tzolkin, buscamos el N° 192 en el borde inferior del casillero. Allí encontraremos un N° central. En este ejemplo es el N° 10, que determina el Tono. Por encima de éste hay otro N° que es el código del kin guía, en este ejemplo el 20 (en el Tzolkin los Sellos están en orden ascendente, comenzando por el Dragón 1, Viento 2, Noche 3, hasta el Sol código 20). A la izquierda del Tzolkin está el Sello correspondiente con su gráfico y misión. El resultado que nos queda en este ejemplo es Humano 10, Humano Planetario Amarillo, guiado por el Sol kin 192. Con esta información buscamos la descripción de la Misión.

Descubramos ahora la Misión de John Lennon, nacido el 9/10/1940. 1) Tabla A: buscamos el año gregoriano y nos da el N° 38. 2) Tabla B: buscamos mes y día gregoriano y nos da 76. 3) Sumamos y nos da 114. 4) Buscamos en el Tzolkin Tabla C y nos da Mago 10, Mago Planetario Blanco, guiado por el Viento kin 114.

Hay un ser que despierta conciencias maravillosamente: el Maestro Osho, nacido el 11/12/1931. 1) Tabla A: buscamos el año gregoriano 1931 y nos da 133. 2) Tabla B: buscamos el mes y día gregoriano y nos da 139. 3) Sumamos y nos da 272. Le restamos 260 y el resultado es 12. 4) Buscamos en Tabla C el Tzolkin y nos da Humano 12, Humano Cristal Amarillo guiado por la Semilla kin 12.

El Codificador del Tiempo es uno de los métodos para la búsqueda de Umbrales y Misiones. Todo esto se puede profundizar estudiando "El Encantamiento del Sueño", de José y Lloydine Argüelles.

Calendario maya

Tabla B
Días del Calendario Gregoriano dentro de ciclos de 13 lunas*

Código para sumar • Día Gregoriano (mes/día) • Luna de nacimiento
7/26 → 1

Tabla de Años Gregorianos — Tabla A

Año	Año	Año	Año	Código
1806	1858	1910	1962	8
1807	1859	1911	1963	113
1808	1860	1912	1964	218
1809	1861	1913	1965	63
1810	1862	1914	1966	168
1811	1863	1915	1967	13
1812	1864	1916	1968	118
1813	1865	1917	1969	223
1814	1866	1918	1970	68
1815	1867	1919	1971	173
1816	1868	1920	1972	18
1817	1869	1921	1973	123
1818	1870	1922	1974	228
1819	1871	1923	1975	73
1820	1872	1924	1976	178
1821	1873	1925	1977	23
1822	1874	1926	1978	128
1823	1875	1927	1979	233
1824	1876	1928	1980	78
1825	1877	1929	1981	183
1826	1878	1930	1982	28
1827	1879	1931	1983	133
1828	1880	1932	1984	238
1829	1881	1933	1985	83
1830	1882	1934	1986	188
1831	1883	1935	1987	33
1832	1884	1936	1988	138
1833	1885	1937	1989	243
1834	1886	1938	1990	88
1835	1887	1939	1991	193
1836	1888	1940	1992	38
1837	1889	1941	1993	143
1838	1890	1942	1994	248
1839	1891	1943	1995	93
1840	1892	1944	1996	198
1841	1893	1945	1997	43
1842	1894	1946	1998	148
1843	1895	1947	1999	253
1844	1896	1948	2000	98
1845	1897	1949	2001	203
1846	1898	1950	2002	48
1847	1899	1951	2003	153
1848	1900	1952	2004	258
1849	1901	1953	2005	103
1850	1902	1954	2006	208
1851	1903	1955	2007	53
1852	1904	1956	2008	158
1853	1905	1957	2009	3
1854	1906	1958	2010	108
1855	1907	1959	2011	213
1856	1908	1960	2012	58
1857	1909	1961	2013	163

Ciclos de 13 lunas

1	2	3	4	5	6	7	8	9	10	11	12	13
7/26 / 1	8/23 / 29	9/20 / 57	10/18 / 85	11/15 / 113	12/13 / 141	1/10 / 64	2/7 / 92	3/7 / 120	4/4 / 148	5/2 / 176	5/30 / 204	6/27 / 232
7/27 / 2	8/24 / 30	9/21 / 58	10/19 / 86	11/16 / 114	12/14 / 142	1/11 / 63	2/8 / 93	3/8 / 121	4/5 / 149	5/3 / 177	5/31 / 205	6/28 / 233
7/28 / 3	8/25 / 31	9/22 / 59	10/20 / 87	11/17 / 115	12/15 / 143	1/12 / 66	2/9 / 94	3/9 / 122	4/6 / 150	5/4 / 178	6/1 / 206	6/29 / 234
7/29 / 4	8/26 / 32	9/23 / 60	10/21 / 88	11/18 / 116	12/16 / 144	1/13 / 67	2/10 / 95	3/10 / 123	4/7 / 151	5/5 / 179	6/2 / 207	6/30 / 235
7/30 / 5	8/27 / 33	9/24 / 61	10/22 / 89	11/19 / 117	12/17 / 145	1/14 / 68	2/11 / 96	3/11 / 124	4/8 / 152	5/6 / 180	6/3 / 208	7/1 / 236
7/31 / 6	8/28 / 34	9/25 / 62	10/23 / 90	11/20 / 118	12/18 / 146	1/15 / 69	2/12 / 97	3/12 / 125	4/9 / 153	5/7 / 181	6/4 / 209	7/2 / 237
8/1 / 7	8/29 / 35	9/26 / 63	10/24 / 91	11/21 / 119	12/19 / 147	1/16 / 70	2/13 / 98	3/13 / 126	4/10 / 154	5/8 / 182	6/5 / 210	7/3 / 238
8/2 / 8	8/30 / 36	9/27 / 64	10/25 / 92	11/22 / 120	12/20 / 148	1/17 / 71	2/14 / 99	3/14 / 127	4/11 / 155	5/9 / 183	6/6 / 211	7/4 / 239
8/3 / 9	8/31 / 37	9/28 / 65	10/26 / 93	11/23 / 121	12/21 / 149	1/18 / 72	2/15 / 100	3/15 / 128	4/12 / 156	5/10 / 184	6/7 / 212	7/5 / 240
8/4 / 10	9/1 / 38	9/29 / 66	10/27 / 94	11/24 / 122	12/22 / 150	1/19 / 73	2/16 / 101	3/16 / 129	4/13 / 157	5/11 / 185	6/8 / 213	7/6 / 241
8/5 / 11	9/2 / 39	9/30 / 67	10/28 / 95	11/25 / 123	12/23 / 151	1/20 / 74	2/17 / 102	3/17 / 130	4/14 / 158	5/12 / 186	6/9 / 214	7/7 / 242
8/6 / 12	9/3 / 40	10/1 / 68	10/29 / 96	11/26 / 124	12/24 / 152	1/21 / 75	2/18 / 103	3/18 / 131	4/15 / 159	5/13 / 187	6/10 / 215	7/8 / 243
8/7 / 13	9/4 / 41	10/2 / 69	10/30 / 97	11/27 / 125	12/25 / 153	1/22 / 76	2/19 / 104	3/19 / 132	4/16 / 160	5/14 / 188	6/11 / 216	7/9 / 244
8/8 / 14	9/5 / 42	10/3 / 70	10/31 / 98	11/28 / 126	12/26 / 154	1/23 / 77	2/20 / 105	3/20 / 133	4/17 / 161	5/15 / 189	6/12 / 217	7/10 / 245
8/9 / 15	9/6 / 43	10/4 / 71	11/1 / 99	11/29 / 127	12/27 / 155	1/24 / 78	2/21 / 106	3/21 / 134	4/18 / 162	5/16 / 190	6/13 / 218	7/11 / 246
8/10 / 16	9/7 / 44	10/5 / 72	11/2 / 100	11/30 / 128	12/28 / 156	1/25 / 79	2/22 / 107	3/22 / 135	4/19 / 163	5/17 / 191	6/14 / 219	7/12 / 247
8/11 / 17	9/8 / 45	10/6 / 73	11/3 / 101	12/1 / 129	12/29 / 157	1/26 / 80	2/23 / 108	3/23 / 136	4/20 / 164	5/18 / 192	6/15 / 220	7/13 / 248
8/12 / 18	9/9 / 46	10/7 / 74	11/4 / 102	12/2 / 130	12/30 / 158	1/27 / 81	2/24 / 109	3/24 / 137	4/21 / 165	5/19 / 193	6/16 / 221	7/14 / 249
8/13 / 19	9/10 / 47	10/8 / 75	11/5 / 103	12/3 / 131	12/31 / 159	1/28 / 82	2/25 / 110	3/25 / 138	4/22 / 166	5/20 / 194	6/17 / 222	7/15 / 250
8/14 / 20	9/11 / 48	10/9 / 76	11/6 / 104	12/4 / 132	1/1 / 55	1/29 / 83	2/26 / 111	3/26 / 139	4/23 / 167	5/21 / 195	6/18 / 223	7/16 / 251
8/15 / 21	9/12 / 49	10/10 / 77	11/7 / 105	12/5 / 133	1/2 / 56	1/30 / 84	2/27 / 112	3/27 / 140	4/24 / 168	5/22 / 196	6/19 / 224	7/17 / 252
8/16 / 22	9/13 / 50	10/11 / 78	11/8 / 106	12/6 / 134	1/3 / 57	1/31 / 85	2/28 / 113	3/28 / 141	4/25 / 169	5/23 / 197	6/20 / 225	7/18 / 253
8/17 / 23	9/14 / 51	10/12 / 79	11/9 / 107	12/7 / 135	1/4 / 58	2/1 / 86	3/1 / 114	3/29 / 142	4/26 / 170	5/24 / 198	6/21 / 226	7/19 / 254
8/18 / 24	9/15 / 52	10/13 / 80	11/10 / 108	12/8 / 136	1/5 / 59	2/2 / 87	3/2 / 115	3/30 / 143	4/27 / 171	5/25 / 199	6/22 / 227	7/20 / 255
8/19 / 25	9/16 / 53	10/14 / 81	11/11 / 109	12/9 / 137	1/6 / 60	2/3 / 88	3/3 / 116	3/31 / 144	4/28 / 172	5/26 / 200	6/23 / 228	7/21 / 256
8/20 / 26	9/17 / 54	10/15 / 82	11/12 / 110	12/10 / 138	1/7 / 61	2/4 / 89	3/4 / 117	4/1 / 145	4/29 / 173	5/27 / 201	6/24 / 229	7/22 / 257
8/21 / 27	9/18 / 55	10/16 / 83	11/13 / 111	12/11 / 139	1/8 / 62	2/5 / 90	3/5 / 118	4/2 / 146	4/30 / 174	5/28 / 202	6/25 / 230	7/23 / 258
8/22 / 28	9/19 / 56	10/17 / 84	11/14 / 112	12/12 / 140	1/9 / 63	2/6 / 91	3/6 / 119	4/3 / 147	5/1 / 175	5/29 / 203	6/26 / 231	7/24 / 259

Día Fuera del Tiempo → 7/24 / 259

COLECCIÓN infinito

Tabla C

Glifo													
Dragón Nutre el nacimiento	1	1 1 kin 1	5 8 k 21	13 2 k 41	17 9 k 61	5 3 k 81	9 10 k 101	17 4 k 121	1 11 k 141	9 5 k 161	13 12 k 181	1 6 k 201	5 13 k 221	13 7 k 241
Viento Comunica el espíritu	2	14 2 k 2	18 9 k 22	6 3 k 42	10 10 k 62	18 4 k 82	2 11 k 102	10 5 k 122	14 12 k 142	2 6 k 162	6 13 k 182	14 7 k 202	2 1 k 222	6 8 k 242
Noche Sueña la abundancia	3	7 3 k 3	11 10 k 23	19 4 k 43	3 11 k 63	11 5 k 83	15 12 k 103	3 6 k 123	7 13 k 143	15 7 k 163	3 1 k 183	7 8 k 203	15 2 k 223	19 9 k 243
Semilla Atina el florecimiento	4	20 4 k 4	4 11 k 24	12 5 k 44	16 12 k 64	4 6 k 84	8 13 k 104	16 7 k 124	4 1 k 144	8 8 k 164	16 2 k 184	20 9 k 204	8 3 k 224	12 10 k 244
Serpiente Sobrevive la fuerza vital	5	13 5 k 5	17 12 k 25	5 6 k 45	9 13 k 65	17 7 k 85	5 1 k 105	9 8 k 125	17 2 k 145	1 9 k 165	9 3 k 185	13 10 k 205	1 4 k 225	5 11 k 245
Enlazador de Mundos Iguala la muerte	6	6 6 k 6	10 13 k 26	18 7 k 46	6 1 k 66	10 8 k 86	18 2 k 106	2 9 k 126	10 3 k 146	14 10 k 166	2 4 k 186	6 11 k 206	14 5 k 226	18 12 k 246
Mano Conoce la realización	7	19 7 k 7	7 1 k 27	11 8 k 47	19 2 k 67	3 9 k 87	11 3 k 107	15 10 k 127	3 4 k 147	7 11 k 167	15 5 k 187	19 12 k 207	7 6 k 227	11 13 k 247
Estrella Embellece la elegancia	8	12 8 k 8	20 2 k 28	4 9 k 48	12 3 k 68	16 10 k 88	4 4 k 108	8 11 k 128	16 5 k 148	20 12 k 168	8 6 k 188	12 13 k 208	20 7 k 228	8 1 k 248
Luna Purifica el agua universal	9	5 9 k 9	13 3 k 29	17 10 k 49	5 4 k 69	9 11 k 89	17 5 k 109	1 12 k 129	9 6 k 149	13 13 k 169	1 7 k 189	9 1 k 209	13 8 k 229	1 2 k 249
Perro Ama al corazón	10	18 10 k 10	6 4 k 30	10 11 k 50	18 5 k 70	2 12 k 90	10 6 k 110	14 13 k 130	2 7 k 150	10 1 k 170	14 8 k 190	2 2 k 210	6 9 k 230	14 3 k 250
Mono Juega con la magia	11	11 11 k 11	19 5 k 31	3 12 k 51	11 6 k 71	15 13 k 91	3 7 k 111	11 1 k 131	15 8 k 151	3 2 k 171	7 9 k 191	15 3 k 211	19 10 k 231	7 4 k 251
Humano Influye el libre albedrío	12	4 12 k 12	12 6 k 32	16 13 k 52	4 7 k 72	12 1 k 92	16 8 k 112	4 2 k 132	8 9 k 152	16 3 k 172	20 10 k 192	8 4 k 212	12 11 k 232	20 5 k 252
Caminante del Cielo Explora el espacio	13	17 13 k 13	5 7 k 33	13 1 k 53	17 8 k 73	5 2 k 93	9 9 k 113	17 3 k 133	1 10 k 153	9 4 k 173	13 11 k 193	1 5 k 213	5 12 k 233	13 6 k 253
Mago Encanta la atemporalidad	14	14 1 k 14	18 8 k 34	6 2 k 54	10 9 k 74	18 3 k 94	2 10 k 114	10 4 k 134	14 11 k 154	2 5 k 174	6 12 k 194	14 6 k 214	18 13 k 234	6 7 k 254
Águila Crea la visión	15	7 2 k 15	11 9 k 35	19 3 k 55	3 10 k 75	11 4 k 95	15 11 k 115	3 5 k 135	7 12 k 155	15 6 k 175	19 13 k 195	7 7 k 215	15 1 k 235	19 8 k 255
Guerrero Cuestiona la inteligencia	16	20 3 k 16	4 10 k 36	12 4 k 56	16 11 k 76	4 5 k 96	8 12 k 116	16 6 k 136	20 13 k 156	8 7 k 176	16 1 k 196	20 8 k 216	8 2 k 236	12 9 k 256
Tierra Evoluciona la navegación	17	13 4 k 17	17 11 k 37	5 5 k 57	9 12 k 77	17 6 k 97	5 13 k 117	9 7 k 137	17 1 k 157	1 8 k 177	9 2 k 197	13 9 k 217	1 3 k 237	5 10 k 257
Espejo Refleja el sinfín	18	6 5 k 18	10 12 k 38	18 6 k 58	2 13 k 78	10 7 k 98	18 1 k 118	2 8 k 138	10 2 k 158	14 9 k 178	2 3 k 198	6 10 k 218	14 4 k 238	18 11 k 258
Tormenta Cataliza la autogeneración	19	19 6 k 19	3 13 k 39	11 7 k 59	19 1 k 79	3 8 k 99	11 2 k 119	15 9 k 139	3 3 k 159	7 10 k 179	15 4 k 199	19 11 k 219	7 5 k 239	11 12 k 259
Sol Ilumina el fuego universal	20	12 7 k 20	20 1 k 40	4 8 k 60	12 2 k 80	16 9 k 100	4 3 k 120	8 10 k 140	16 4 k 160	20 11 k 180	8 5 k 200	12 12 k 220	20 6 k 240	6 13 k 260

Nombre y cualidades del Glifo Maya
Código de Origen
Glifo Maya
13 tonos, nombre y poder

1 •	2 ••	3 •••	4 ••••	5 —	6 —	7 —	8 —	9 —	10 ═	11 ═•	12 ═••	13 ═•••
Magnético	Lunar	Eléctrico	Auto-Existente	Entonado	Rítmico	Resonante	Galáctico	Solar	Planetario	Espectral	Cristal	Cósmico
Unificar	Polarizar	Servir	Definir	Comandar	Organizar	Canalizar	Armonizar	Pulsar	Perfeccionar	Disolver	Dedicar	Perdurar

LAS 260 MISIONES QUE DETERMINA EL CALENDARIO MAYA

A continuación daremos un detalle de las Misiones que cada Sello tiene en combinación con los 13 Tonos. Debemos aclarar que es sólo una *síntesis* de todo lo que contienen, para utilidad de quienes hagan el Curso de Estudio del Calendario Maya, y a la vez para dar una idea general de su significación al lector principiante:

Dragón

Dragón 1: Me unifico, nutriéndome de la memoria cósmica; siendo mi propósito actuar desde mi ser interno. Me guía mi propio Sello con el poder del nacimiento. Soy un portal de activación galáctico.

Dragón 2: Experimento los extremos del recuerdo cósmico y me nutro, encontrando la estabilidad en mi ser interno. Me guía el Sello del Caminante del cielo con el poder de la exploración.

Dragón 3: Activo mi memoria cósmica, para reunir a los seres desde su esencia y nutrirlos. Me guía el Sello de la Serpiente con el poder de la fuerza vital.

Dragón 4: Tomo decisiones, basándome en la memoria cósmica que trae mi ser. Mido la forma más adecuada de nutrirme. Me guía el Sello de la Tierra con el poder de la evolución.

Dragón 5: Doy poder a mi ser interno recurriendo a la memoria cósmica para nutrirme. Me guía el Sello de la Luna con el poder de la fluidez.

Dragón 6: Organizo la nutrición desde el equilibrio de mi ser interno buscando la igualdad a través de la memoria cósmica. Me guía mi propio Sello con el poder del nacimiento.

Dragón 7: Abriendo canales puedo nutrirme de la memoria cósmica que trae mi esencia y sintonizo con mi ser interno. Me guía el Sello del Caminante del cielo con el poder de la exploración. Soy un portal de activación galáctico.

Dragón 8: Busco armonizar desde mi ser interno, nutriéndome desde la memoria cósmica y así modelo mi ser. Me guía el Sello de la Serpiente con el poder de la fuerza vital.

Dragón 9: Produzco la nutrición desde la pulsación de la memoria cósmica que fluye desde mi ser interno. Me guía el Sello de la Tierra con el poder de la evolución.

Dragón 10: Perfecciono para nutrir desde mi ser interno, manifestando la memoria cósmica. Me guía el Sello de la Luna con el poder de la fluidez.

Dragón 11: Disuelvo estructuras nutriéndome desde la memoria cósmica, para liberar a mi ser interno. Me guía mi propio Sello con el poder del nacimiento.

Dragón 12: Coopero nutriendo desde mi ser en forma dedicada; me universalizo con la memoria cósmica. Me guía el Sello del Caminante del cielo con el poder de la exploración.

Dragón 13: Trasciendo, nutriendo mi ser interno con la Presencia Divina, trayendo el recuerdo de la memoria cósmica. Me guía el Sello de la Serpiente con el poder de la fuerza vital.

- *Para todos los Dragones, la energía análoga que refuerza la* misión es el Sello del Espejo, cuya esencia es el orden. El antípoda es quien le ayuda a recordar cómo hacer mejor la misión usando en este caso la esencia del Mono, que es el juego y la alegría; el oculto es el que impulsa a la realización de la misión: el Dragón es impulsado por el Sol desde la iluminación del fuego universal; el guía fue detallado en cada caso, y es el único de los Sellos de un oráculo que cambia. Esto se debe al cambio de los Tonos.

Viento

Viento 1: Me unifico para comunicar el aliento divino, siendo mi propósito hacerlo desde el espíritu. Me guía mi propio Sello con el poder del espíritu. Soy un portal de activación galáctico.

Viento 2: Experimento los extremos para poder comunicar el aliento divino y así estabilizar mi poder espiritual. Me guía el Sello del Mago con el poder de la atemporalidad.

Viento 3: Activo la comunicación espiritual reuniendo a los seres a través del aliento divino. Me guía el Sello del Enlazador de mundos con el poder de la trascendencia.

Viento 4: Tomo decisiones basándome en el espíritu; mido la forma más adecuada de comunicar el aliento divino. Me guía el Sello del Espejo con el poder del orden y el sinfín.

Viento 5: Doy poder a mi espíritu, comunicando los eternos recursos que me da el aliento divino. Me guía el Sello del Perro con el poder del amor incondicional.

Viento 6: Organizo la comunicación desde el aliento divino logrando la igualdad espiritual. Me guía mi propio Sello con el poder del espíritu.

Viento 7: Abro canales a la comunicación del aliento divino sintonizando con mi espíritu. Me guía el Sello del Mago con el poder de la atemporalidad.

Viento 8: Busco la armonía comunicando el aliento divino que modela mi espíritu. Me guía el Sello del Enlazador de mundos con el poder de la trascendencia.

Viento 9: Produzco la comunicación del aliento divino pulsando desde mi espíritu. Me guía el Sello del Espejo con el poder del orden y el sinfín. Soy un portal de activación galáctico.

Viento 10: Perfecciono la comunicación del aliento divino, manifestando el espíritu. Me guía el Sello del Perro con el poder del amor incondicional.

Viento 11: Disuelvo estructuras comunicando el aliento divino, para liberar mi espíritu. Me guía mi propio Sello con el poder del espíritu.

Viento 12: Coopero comunicando el aliento divino; universalizo la fuerza espiritual. Me guía el Sello del Mago con el poder de la atemporalidad.

Viento 13: Trasciendo comunicando con la fuerza espiritual de la Presencia Divina que me permite perdurar. Me guía el Sello del Enlazador de mundos con el poder de la trascendencia.

- *Para todos los Vientos, la energía análoga que refuerza la misión es el Sello de la Tierra, cuya esencia es la evolución. El antípoda es quien le ayuda a recordar cómo hacer mejor la misión usando en este caso la esencia del Sello del Humano, que es la sabiduría; el oculto es el que impulsa a la realización de la misión: el Viento es impulsado por la Tormenta con el poder de la autogeneración; el guía fue detallado en cada caso, y es el único de los Sellos de un oráculo que cambia. Esto se debe al cambio de los Tonos.*

Noche

Noche 1: Me unifico para soñar magnetizando la intuición, siendo mi propósito llegar a la abundancia de mi ser interno. Me guía mi propio Sello con el poder de la abundancia.

Noche 2: Experimento los extremos para poder soñar estabilizando desde la intuición el poder de la abundancia. Me guía el Sello del Águila con el poder de la visión.

Noche 3: Activo los sueños y la intuición reuniendo la abundancia divina. Me guía el Sello de la Mano con el poder de la realización.

Noche 4: Tomo decisiones, basándome en mis sueños y en mi intuición, y así mido el mejor modo de llegar a la abundancia. Me guía el Sello de la Tormenta con el poder de la autogeneración. Soy un portal de activación galáctico.

Noche 5: Doy poder a mis sueños y a mi intuición, utilizando el recurso de la abundancia divina. Me guía el Sello del Mono con el poder del juego y el humor.

Noche 6: Organizo la abundancia entrando en equilibrio e igualdad a través de la intuición y los sueños. Me guía mi propio Sello con el poder de la abundancia.

Noche 7: Abro canales soñando la abundancia y sintonizándola con la intuición. Me guía el Sello del Águila con el poder de la visión.

Noche 8: Busco la armonía soñando la abundancia y dándole forma desde mi intuición. Me guía el Sello de la Mano con el poder de realización.

Noche 9: Produzco la abundancia, pulsando desde los sueños y la intuición. Me guía el Sello de la Tormenta con el poder de la autogeneración. Soy un portal de activación galáctico.

Noche 10: Perfecciono el sueño de la abundancia manifestando la intuición. Me guía el Sello del Mono con el poder del juego y el humor.

Noche 11: Disuelvo estructuras para soñar la abundancia, liberando la intuición. Me guía mi propio Sello con el poder de la abundancia.

Noche 12: Coopero soñando la abundancia y la universalizo desde la intuición. Me guía el Sello del Águila con el poder de la visión.

Noche 13: Trasciendo soñando la abundancia y perduro gracias a la intuición. Me guía el Sello de la Mano con el poder de realización.

- *Para todas las Noches la energía análoga que refuerza la misión es el Sello del Guerrero, cuya esencia es la inteligencia. El antípoda es quien le ayuda a recordar cómo hacer mejor la misión, usando en este caso la esencia del Caminante del cielo, que es la exploración; el oculto es el que impulsa a la realización de la misión: la Noche es impulsada por el Espejo desde el orden; el guía fue detallado en cada caso, y es el único de los Sellos de un oráculo que cambia. Esto se debe al cambio de los Tonos.*

Semilla

Semilla 1: Me unifico para lograr el florecimiento, atrayendo la percepción para determinar el lugar acertado para la siembra, siendo ése mi propósito. Me guía mi propio Sello con el poder del florecimiento.

Semilla 2: Experimento los extremos para poder determinar el lugar correcto para la siembra; logro la estabilidad y el florecimiento venciendo los desafíos. Me guía el Sello del Guerrero con el poder de la inteligencia. Soy un portal de activación galáctico.

Semilla 3: Activo el florecimiento, reuniendo la percepción y el servicio para lograr la cosecha adecuada. Me guía el Sello de la Estrella con el poder de la elegancia.

Semilla 4: Tomo decisiones basándome en la percepción para determinar el lugar acertado para la siembra, y así defino el florecimiento. Me guía el Sello del Sol con el poder del fuego universal.

Semilla 5: Doy poder al florecimiento, comandando la atención y buscando recursos para realizar la siembra. Me guía el Sello del Humano con el poder de la libre voluntad.

Semilla 6: Organizo la siembra buscando el equilibrio y la igualdad con el fin de lograr el mejor florecimiento. Me guía mi propio Sello con el poder del florecimiento.

Semilla 7: Abro canales sintonizando la percepción del lugar correcto en donde sembrar para obtener un buen florecimiento. Me guía el Sello del Guerrero con el poder de la inteligencia.

Semilla 8: Busco la armonía encontrando el lugar acertado en donde modelar el florecimiento. Me guía el Sello de la Estrella con el poder de la elegancia.

Semilla 9: Produzco el florecimiento percibiendo el sitio adecuado para la siembra, y la realizo. Me guía el Sello del Sol con el poder del fuego universal.

Semilla 10: Perfecciono el florecimiento manifestando a través de la percepción el lugar acertado para la siembra. Me guía el Sello del Humano con el poder de la libre voluntad.

Semilla 11: Disuelvo estructuras usando mi percepción del lugar correcto para la siembra y así libero el florecimiento. Me guía mi propio Sello con el poder del florecimiento.

Semilla 12: Coopero para florecer utilizando mi percepción del sitio correcto para la siembra y así universalizo la atención. Me guía el Sello del Guerrero con el poder de la inteligencia. Soy un portal de activación galáctico.

Semilla 13: Trasciendo el florecimiento percibiendo el sitio correcto para la siembra y perdurando gracias a la atención. Me guía el Sello de la Estrella con el poder de la elegancia.

- *Para todas las Semillas, la energía análoga que refuerza la misión es el Sello del Águila, cuya esencia es la visión. El antípoda es quien le ayuda a recordar cómo hacer mejor la misión, usando en este caso la esencia del Mago, que es el arte de vivir el presente; el oculto es el que impulsa a la realización de la misión: la Semilla es impulsada por la Tierra desde la esencia de la evolución; el guía fue detallado en cada caso y es el único de los Sellos de un oráculo que cambia. Esto se debe al cambio de los Tonos.*

Serpiente

Serpiente 1: Me unifico para sobrevivir atrayendo el instinto y utilizando la fuerza vital para el logro de mi propósito. Me guía mi propio Sello con el poder de la fuerza vital.

Serpiente 2: Experimento las situaciones extremas de la vida usando la fuerza vital y así me estabilizo para poder sobrevivir. Me guía el Sello de la Tierra con el poder de evolucionar.

Serpiente 3: Activo con mi fuerza vital la reunión de los seres para dar el servicio con mi energía de la supervivencia. Me guía el Sello de la Luna con el poder de la fluidez.

Serpiente 4: Defino la forma de sobrevivir autoexistiendo gracias a la fuerza vital. Me guía el Sello del Dragón con su poder del nacimiento.

Serpiente 5: Doy poder a la supervivencia otorgando el recurso de la fuerza vital. Me guía el Sello del Caminante del cielo con su poder de exploración.

Serpiente 6: Organizo la supervivencia equilibrando la fuerza vital y encontrando la igualdad. Me guía mi propio Sello con el poder de la fuerza vital.

Serpiente 7: Abro canales para sobrevivir sintonizando con la fuerza vital. Me guía el Sello de la Tierra con el poder de evolucionar. Soy un portal de activación galáctico.

Serpiente 8: Busco la armonía sobreviviendo, al usar con moderación la fuerza vital. Me guía el Sello de la Luna con el poder de la fluidez.

Serpiente 9: Produzco la supervivencia al realizar el uso correcto de la fuerza vital. Me guía el Sello del Dragón con el poder del nacimiento. Soy un portal de activación galáctico.

Serpiente 10: Me perfecciono sobreviviendo y manifestando el correcto uso de la energía vital. Me guía el Sello del Caminante del cielo con el poder de la exploración.

Serpiente 11: Disuelvo estructuras para sobrevivir y así liberar la fuerza vital. Me guía mi propio Sello con el poder de la fuerza vital.

Serpiente 12: Coopero para sobrevivir universalizando la fuerza vital. Me guía el Sello de la Tierra con su poder de evolucionar.

Serpiente 13: Trasciendo gracias a la fuerza vital, sobreviviendo. Me guía el Sello de la Luna con su poder de fluidez.

- *Para todas las Serpientes, la energía análoga que refuerza la misión es el Sello del Mago, cuya esencia es el arte de vivir el presente; el antípoda es quien le ayuda a recordar cómo hacer mejor la misión, usando en este caso la esencia del Águila, que es el vuelo y la visión; el oculto es el que impulsa a la realización de la misión: la Serpiente es impulsada por el Guerrero desde la esencia de la inteligencia; el guía fue detallado en cada caso y es el único de los Sellos de un oráculo que cambia. Esto se debe al cambio de los Tonos.*

Enlazador de mundos

Enlazador de mundos 1: Me unifico para trascender muriendo en los egos, y así llego al propósito de enlazar los mundos utilizando la mejor oportunidad. Me guía mi propio Sello con el poder de la muerte.

Enlazador de mundos 2: Experimento las situaciones extremas entre los mundos, estabilizando la trascendencia de la personalidad. Me guía el Sello del Espejo con el poder del orden y el sinfín. Soy un portal de activación galáctico.

Enlazador de mundos 3: Activo la unión de los mundos interno y externo, reuniendo mis defectos y muriendo en ellos. Me guía el Sello del Perro con el poder del amor incondicional. Soy un portal de activación galáctico.

Enlazador de mundos 4: Defino la forma de morir en mi personalidad, y autoexisto uniendo los mundos interno y externo. Me guía el Sello del Viento con el poder del espíritu.

Enlazador de mundos 5: Doy poder trascendiendo lo personal y uniendo los mundos material y espiritual. Me guía el Sello del Mago con el poder de la atemporalidad.

Enlazador de mundos 6: Organizo la muerte de lo personal para equilibrar el mundo material con el espiritual y allí encontrar la igualdad con las otras almas. Me guía mi propio Sello con el poder de la muerte.

Enlazador de mundos 7: Abro canales entre los mundos material y espiritual, sintonizando la muerte de mi personalidad. Me guía el Sello del Espejo con el poder del orden y del sinfín.

Enlazador de mundos 8: Busco la armonía muriendo en mi personalidad y así modelo la forma entre los mundos material y espiritual. Me guía el Sello del Perro con el poder del amor incondicional.

Enlazador de mundos 9: Produzco la muerte del ego y así logro realizar la unión de los mundos material y espiritual. Me guía el Sello del Viento con el poder del espíritu.

Enlazador de mundos 10: Me perfecciono trascendiendo la personalidad egoica y manifiesto la unión de los mundos material y espiritual. Me guía el Sello del Mago con el poder de la atemporalidad.

Enlazador de mundos 11: Disuelvo estructuras muriendo en lo que no sirve y libero el puente que une el mundo material con el espiritual. Me guía mi propio Sello con el poder de la muerte.

Enlazador de mundos 12: Coopero muriendo en los egos personales y así universalizo la unión entre los mundos. Me guía el Sello del Espejo con el poder del orden y el sinfín.

Enlazador de mundos 13: Trasciendo la personalidad muriendo en las diferencias y así transito el puente entre los mundos perdurando en la presencia divina. Me guía el Sello del Perro con el poder del amor incondicional.

- Para todos los Enlazadores de mundos, la energía análoga que refuerza la misión es el Sello del Caminante del cielo, cuya esencia es la exploración de los espacios; el antípoda es quien le ayuda a recordar cómo hacer mejor la misión, usando en este caso la esencia del Guerrero, que es la inteligencia; el oculto es el que impulsa a la realización de la misión: el Enlazador de mundos es impulsado por el Águila con el poder de la visión; el guía fue detallado en cada caso y es el único de los Sellos de un oráculo que cambia. Esto se debe al cambio de los Tonos.

Mano

Mano 1: Me unifico para conocer y lograr mi propósito de realizarme en la curación. Me guía mi propio Sello con el poder de la realización.

Mano 2: Experimento los extremos de la realización, estabilizando la curación y el conocimiento. Me guía el Sello de la Tormenta con el poder de la autogeneración.

Mano 3: Activo el conocimiento reuniendo la curación con la realización, y así doy servicio. Me guía el Sello del Mono con el poder del juego y la alegría. Soy un portal de activación galáctico.

Mano 4: Defino la forma de conocer la curación y la realización y autoexisto con estas energías. Me guía el Sello de la Noche con su poder de la abundancia. Soy un portal de activación galáctico.

Mano 5: Doy poder conociendo la curación y reuniendo recursos para la realización. Me guía el Sello del Águila con su poder de la visión.

Mano 6: Me organizo conociendo la curación y encuentro el equilibrio realizando la igualdad. Me guía mi propio Sello con el poder de la realización.

Mano 7: Abro canales al conocimiento de la curación y sintonizo con la realización. Me guía el Sello de la Tormenta con el poder de la autogeneración.

Mano 8: Busco la armonía conociendo la curación y modelando la realización. Me guía el Sello del Mono con el poder de la alegría y el juego.

Mano 9: Pulso el conocimiento produciendo la curación y la realización. Me guía el Sello de la Noche con el poder de la abundancia.

Mano 10: Me perfecciono conociendo; manifiesto la curación y la realización. Me guía el Sello del Águila con el poder de la visión.

Mano 11: Disuelvo estructuras conociendo la curación y dando libertad a la realización. Me guía mi propio Sello con el poder de la realización.

Mano 12: Coopero conociendo la curación y universalizo la realización. Me guía el Sello de la Tormenta con el poder de la autogeneración.

Mano 13: Logro la trascendencia conociendo la curación y realizándome con la Presencia Divina. Me guía el Sello del Mono con el poder del juego y la alegría.

- *Para todas las Manos, la energía análoga que refuerza la misión es el Sello del Humano, cuya esencia es la libre voluntad; el antípoda es quien le ayuda a recordar cómo hacer mejor la misión, usando en este caso la esencia de la Tierra, que es la evolución; el oculto es el que impulsa a la realización de la misión: la Mano es impulsada por el Sello del Mago con el poder de vivir el presente; el guía fue detallado en cada caso y es el único de los Sellos de un oráculo que cambia. Esto se debe al cambio de los Tonos.*

Estrella

Estrella 1: Busco unificarme desde la belleza, atrayendo el arte y logrando mi propósito que es la armonía. Me guía mi propio Sello con el poder de la elegancia.

Estrella 2: Experimento las extremos de la belleza estabilizando el arte en total armonía. Me guía el Sello del Sol con el poder del fuego universal.

Estrella 3: Activo la belleza reuniendo el arte y la armonía, y comparto con otros seres esta energía como servicio. Me guía el Sello del Humano con el poder de la libre voluntad.

Estrella 4: Defino la belleza, encontrando la medida armónica del arte como expresión del espíritu. Me guía el Sello de la Semilla con el poder del florecimiento. Soy un portal de activación galáctico.

Estrella 5: Doy poder armonizando y embelleciendo, mi recurso fundamental es el arte. Me guía el Sello del Guerrero con el poder de la inteligencia. Soy un portal de activación galáctico.

Estrella 6: Me organizo armonizando y embelleciendo. Logro el equilibrio a través del arte en donde encuentro la igualdad. Me guía mi propio Sello con el poder de la elegancia.

Estrella 7: Abro canales a la armonía y la belleza sintonizándome a través del arte. Me guía el Sello del Sol con el poder del fuego universal.

Estrella 8: Busco la armonía modelando a través del arte, logrando la integridad de la belleza. Me guía el Sello del Humano con el poder de la libre voluntad.

Estrella 9: Pulso la belleza y la armonía produciéndolas desde el arte. Me guía el Sello de la Semilla con el poder del florecimiento.

Estrella 10: Me perfecciono embelleciendo y así manifiesto la armonía y el arte. Me guía el Sello del Guerrero con el poder de la inteligencia. Soy un portal de activación galáctico.

Estrella 11: Disuelvo estructuras embelleciendo el arte y liberando la armonía. Me guía mi propio Sello con el poder de la elegancia.

Estrella 12: Coopero embelleciendo el arte y así universalizo armoniosamente. Me guía el Sello del Sol con el poder del fuego universal. Soy un portal de activación galáctico.

Estrella 13: Logro la trascendencia embelleciendo desde el arte y perduro desde la armonía de la Presencia Divina. Me guía el Sello del Humano con el poder de la libre voluntad.

- *Para todas las Estrellas, la energía análoga que refuerza la misión es el Sello del Mono, cuya esencia es la magia del juego; el antípoda es quien le ayuda a recordar cómo hacer mejor la misión usando en este caso la esencia del Espejo que es el orden; el oculto es el que impulsa a la realización de la misión: la Estrella es impulsada por el Sello del Caminante del cielo, con el poder de explorar los espacios; el guía fue detallado en cada caso y es el único de los Sellos de un oráculo que cambia. Esto se debe al cambio de los Tonos.*

Luna

Luna 1: Busco unificarme en la purificación de las emociones atrayendo la energía del fluir y llegando a mi propósito de ser uno con el agua universal. Me guía mi propio Sello con el poder de la fluidez.

Luna 2: Experimento los extremos y purificándome encuentro la estabilidad en el fluir de las emociones. Me guía el Sello del Dragón con el poder del nacimiento.

Luna 3: Activo la purificación emocional reuniéndome con otros seres para el fluir universal y así poder fluir. Me guía el Sello del Caminante del cielo con el poder de explorar espacios.

Luna 4: Doy forma a la purificación emocional midiendo el correcto fluir en armonía con el universo. Me guía el Sello de la Serpiente con el poder de la fuerza vital. Soy un portal de activación galáctico.

Luna 5: Doy poder purificando las emociones recurriendo al recurso del fluir universal. Me guía el Sello de la Tierra con el poder de la evolución. Soy un portal de activación galáctico.

Luna 6: Me organizo purificándome emocionalmente para encontrar el equilibrio y la igualdad. Me guía mi propio Sello con el poder de la fluidez. Soy un portal de activación galáctico.

Luna 7: Abro canales a la purificación emocional sintonizando con la fluidez universal. Me guía el Sello del Dragón con el poder del nacimiento. Soy un portal de activación galáctico.

Luna 8: Busco la armonía purificando las emociones y modelándolas con la fuerza del agua universal. Me guía el Sello del Caminante del cielo con el poder de explorar espacios.

Luna 9: Pulso la purificación emocional produciendo el fluir del agua universal. Me guía el Sello de la Serpiente con el poder de la fuerza vital.

Luna 10: Me perfecciono purificándome emocionalmente y manifiesto el fluir del agua universal. Me guía el Sello de la Tierra con el poder de la evolución.

Luna 11: Disuelvo estructuras purificándome emocionalmente y libero el fluir del agua universal. Me guía mi propio Sello con el poder de la fluidez.

Luna 12: Coopero con la purificación emocional universalizando el fluir de las aguas. Me guía el Sello del Dragón con el poder del nacimiento.

Luna 13: Logro la trascendencia purificándome emocionalmente y perduro en la presencia del fluir del agua universal. Me guía el Sello del Caminante del cielo con el poder de explorar espacios.

- *Para todas las Lunas, la energía análoga que refuerza la misión es el Sello del Perro, cuya esencia es el amor incondicional; el antípoda es quien le ayuda a recordar cómo hacer mejor la misión usando en este caso la esencia de la Tormenta, que es la autogeneración; el oculto es el que impulsa a la realización de la misión: la Luna es impulsada por el Sello del Humano, cuya esencia es la libre voluntad; el guía fue detallado en cada caso y es el único de los Sellos de un oráculo que cambia. Esto se debe al cambio de los Tonos.*

Perro

Perro 1: Busco unificarme en el amor incondicional atrayendo la lealtad; mi propósito es fundirme en el corazón. Me guía mi propio Sello con el poder del amor.

Perro 2: Experimento los extremos sentimentales logrando la estabilidad en el amor incondicional y la lealtad al ser interno. Me guía el Sello del Viento con su poder del espíritu. Soy un portal de activación galáctico.

Perro 3: Activo el amor incondicional, reuniéndome con otros seres y experimentando la lealtad. Me guía el Sello del Mago con el poder de la atemporalidad.

Perro 4: Doy forma al amor incondicional midiendo la lealtad y encontrando el mejor camino hacia el corazón. Me guía el Sello del Enlazador de mundos con el poder de la muerte.

Perro 5: Doy poder desde el amor incondicional recurriendo a la lealtad. Me guía el Sello del Espejo con el poder del orden.

Perro 6: Me organizo amando incondicionalmente para encontrar equilibrio, igualándome en la lealtad. Me guía mi propio Sello con el poder del amor. Soy un portal de activación galáctico.

Perro 7: Abro canales al amor incondicional sintonizando con la lealtad. Me guía el Sello del Viento con el poder del espíritu. Soy un portal de activación galáctico.

Perro 8: Busco la armonía amando incondicionalmente para modelar la lealtad. Me guía el Sello del Mago con el poder de la atemporalidad.

Perro 9: Pulso el amor incondicional produciendo la lealtad. Me guía el Sello del Enlazador de mundos con el poder de la muerte.

Perro 10: Me perfecciono amando incondicionalmente y manifiesto la lealtad. Me guía el Sello del Espejo con el poder del orden.

Perro 11: Disuelvo estructuras amando incondicionalmente y libero la lealtad. Me guía mi propio Sello con el poder del amor. Soy un portal de activación galáctico.

Perro 12: Coopero amando incondicionalmente y universalizo la lealtad. Me guía el Sello del Viento con el poder del espíritu.

Perro 13: Trasciendo amando incondicionalmente y perduro en la presencia divina a través de la lealtad. Me guía el Sello del Mago con el poder de la atemporalidad.

- *Para todos los Perros, la energía análoga que refuerza la misión es el Sello de la Luna, cuya esencia es la purificación universal; el antípoda es quien le ayuda a recordar cómo hacer mejor la misión usando en este caso la esencia del Sol, que es la iluminación; el oculto es el que impulsa a la realización de la misión: el Perro es impulsado por el Sello del Mono cuya esencia es la magia del juego; el guía fue detallado en cada caso y es el único de los Sellos de un oráculo que cambia. Esto se debe al cambio de los tonos.*

Mono

Mono 1: Me uno a otros para jugar atrayendo la ilusión y transformo a través de la alegría. Me guía mi propio Sello con el poder de la magia.

Mono 2: Experimento los extremos jugando, encontrando la ilusión en la estabilidad que me da el humor. Me guía el Sello de la Noche con el poder de la abundancia.

Mono 3: Activo la ilusión desde el juego y la comparto como servicio con magia y alegría. Me guía el Sello del Águila con el poder de la visión. Soy un portal de activación galáctico.

Mono 4: Defino la forma de jugar desde la ilusión. Tomo decisiones mágicamente con alegría. Me guía el Sello de la Mano con el poder de la realización.

Mono 5: Doy poder al juego desde la ilusión y tomando como recursos para comandar, la alegría y la magia. Me guía el Sello de la Tormenta con el poder de la autogeneración.

Mono 6: Me organizo jugando con ilusión y encuentro el equilibrio que me dan la magia y la alegría, y puedo sentir la igualdad. Me guía mi propio Sello con el poder de la magia.

Mono 7: Canalizo la ilusión jugando con la magia de la alegría que todo lo transforma y así puedo sintonizarme con el resto del universo. Me guía el Sello de la Noche con el poder de la abundancia. Soy un portal de activación galáctico.

Mono 8: Armonizo con el juego, integrando la ilusión y la magia de la alegría como búsqueda del camino de evolución. Me guía el Sello del Águila con el poder de la visión. Soy un portal de activación galáctico.

Mono 9: Produzco el juego desde la ilusión pulsando la magia y la alegría. Me guía el Sello de la Mano con el poder de la realización.

Mono 10: Perfecciono el juego con la ilusión de manifestar la magia y la alegría. Me guía el Sello de la Tormenta con el poder de la autogeneración.

Mono 11: Disuelvo estructuras jugando con gran ilusión para liberar la magia de la transformación a través de la alegría. Me guía mi propio Sello con el poder de la magia.

Mono 12: Coopero dedicadamente con ilusión para universalizar la magia y la alegría. Me guía el Sello de la Noche con el poder de la abundancia. Soy un portal de activación galáctico.

Mono 13: Perduro jugando desde la ilusión para trascender mágicamente y encontrar la Presencia Divina con gran alegría. Me guía el Sello del Águila con el poder de la visión.

- *Para todos los Monos, la energía análoga que refuerza la misión es el Sello de la Estrella, cuya esencia es el arte y la armonía; el antípoda es quien le ayuda a recordar cómo hacer mejor la misión, usando en este caso la esencia del Dragón, que es la memoria cósmica; el oculto es el que impulsa a la realización de la misión: el Mono es impulsado por el Sello del Perro, cuya esencia es el amor incondicional; el guía fue detallado en cada caso y es el único de los Sellos de un oráculo que cambia. Esto se debe al cambio de los Tonos.*

Humano

Humano 1: Me unifico a otros respetando la libre voluntad, atrayendo la sabiduría y así puedo influenciar armoniosamente. Me guía mi propio Sello con el poder de la libre voluntad.

Humano 2: Experimento los extremos encontrando la estabilidad en la libre voluntad y así puedo influenciar sabiamente. Me guía el Sello de la Semilla con el poder del florecimiento.

Humano 3: Activo la sabiduría reuniendo a los seres para influenciar desde la sabiduría. Me guía el Sello del Guerrero con el poder de la inteligencia.

Humano 4: Defino la forma de influenciar. Tomo decisiones sabiamente respetando el libre albedrío. Me guía el Sello de la Estrella con el poder de la armonía y el arte.

Humano 5: Doy poder para influenciar con sabiduría respetando la libre voluntad. Me guía el Sello del Sol con el poder de la iluminación.

Humano 6: Me organizo influenciando sabiamente; encuentro el equilibrio y la igualdad, respetando la libre voluntad. Me guía mi propio Sello con el poder del libre albedrío.

Humano 7: Canalizo la sabiduría para influenciar armoniósamente, sintonizándola gracias al respeto de la libre voluntad. Me guía el Sello de la Semilla con el poder del florecimiento. Soy un portal de activación galáctico.

Humano 8: Armonizo respetando la libre voluntad y así me integro con la sabiduría. Me guía el Sello del Guerrero con el poder de la inteligencia. Soy un portal de activación galáctico.

Humano 9: Produzco la sabiduría influenciando armoniosamente y pulsando desde el respeto de la libre voluntad. Me guía el Sello de la Estrella con el poder del arte y la armonía. Soy un portal de activación galáctico.

Humano 10: Perfecciono influenciando desde el respeto por la libre voluntad y así manifiesto la sabiduría. Me guía el Sello del Sol con el poder de la iluminación. Soy un portal de activación galáctico.

Humano 11: Disuelvo estructuras influenciando desde la divulgación de la libre voluntad y así libero la sabiduría. Me guía mi propio Sello con el poder de la libre voluntad.

Humano 12: Coopero influenciando sabiamente y universalizo gracias al respeto por la libre voluntad. Me guía el Sello de la Semilla con el poder del florecimiento.

Humano 13: Perduro para influenciar sabiamente, trasciendo gracias al respeto de la libre voluntad y así gozo de la Presencia Divina. Me guía el Sello del Guerrero con el poder de la inteligencia.

- Para todos los Humanos, la energía análoga que refuerza la misión es el Sello de la Mano, cuya esencia es la realización; el antípoda es quien le ayuda a recordar cómo hacer mejor la misión, usando en este caso la esencia del Viento, que es la comunicación espiritual; el oculto es el que impulsa a la realización de la misión: el Humano es impulsado por el Sello de la Luna, cuya esencia es la fluidez; el guía fue detallado en cada caso y es el único de los Sellos de un oráculo que cambia. Esto se debe al cambio de los Tonos.

Caminante del cielo

Caminante del cielo 1: Unifico la exploración de los espacios atrayendo la capacidad de vigilar siendo mi propósito unir los cielos y la Tierra. Me guía mi propio Sello con el poder de la exploración.

Caminante del cielo 2: Experimento los extremos de la exploración estabilizando la vigilancia, y venzo el desafío de unir los cielos y la Tierra. Me guía el Sello de la Serpiente con el poder de la fuerza vital. Soy un portal de activación galáctico.

Caminante del cielo 3: Activo la exploración de los espacios reuniendo los cielos con la Tierra y doy servicio desde la vigilancia. Me guía el Sello de la Tierra con el poder de la evolución.

Caminante del cielo 4: Defino la forma correcta de explorar, decidiendo la manera de vigilar para unir los cielos y la Tierra. Me guía el Sello de la Luna con el poder de la fluidez. Soy un portal de activación galáctico.

Caminante del cielo 5: Doy poder a la exploración de los espacios teniendo como recurso la vigilancia para comandar la unión de los cielos con la Tierra. Me guía el Sello del Dragón con el poder de la memoria cósmica.

Caminante del cielo 6: Organizo la exploración de los espacios equilibrando la vigilancia, y encuentro la igualdad entre los cielos y la Tierra. Me guía mi propio Sello con el poder de la exploración.

Caminante del cielo 7: Canalizo la vigilancia para poder explorar los espacios y así puedo sintonizar la unión de los cielos con la Tierra. Me guía el Sello de la Serpiente con el poder de la fuerza vital.

Caminante del cielo 8: Armonizo la exploración de los espacios vigilando la integración de los cielos con la Tierra. Me guía el Sello de la Tierra con el poder de la evolución.

Caminante del cielo 9: Produzco la exploración de los espacios pulsando la vigilancia para que se realice la unión de los cielos con la Tierra. Me guía el Sello de la Luna con el poder de la fluidez. Soy un portal de activación galáctico.

Caminante del cielo 10: Perfecciono la exploración de los espacios vigilando para que se manifieste la unión de los cielos con la Tierra. Me guía el Sello del Dragón con el poder de la memoria cósmica. Soy un portal de activación galáctico.

Caminante del cielo 11: Disuelvo estructuras explorando espacios, divulgo la vigilancia para liberar la unión de los cielos con la Tierra. Me guía mi propio Sello con el poder de la exploración.

Caminante del cielo 12: Coopero vigilando la exploración de los espacios universalizando la unión de los cielos con la Tierra. Me guía el Sello de la Serpiente con el poder de la fuerza vital.

Caminante del cielo 13: Perduro vigilando la exploración de los espacios y así trasciendo la unión de los cielos con la Tierra junto a la Presencia Divina. Me guía el Sello de la Tierra con el poder de la evolución.

- *Para todos los Caminantes del cielo, la energía análoga que refuerza la misión es el Sello del Enlazador de mundos, cuya esencia es la muerte; el antípoda es quien le ayuda a recordar cómo hacer mejor la misión, usando en este caso la esencia de la Noche, que es la abundancia; el oculto es el que impulsa a la realización de la misión: el Caminante del cielo es impulsado por el Sello de la Estrella, cuya esencia es el arte y la armonía; el guía fue detallado en cada caso y es el único de los Sellos de un oráculo que cambia. Esto se debe al cambio de los Tonos.*

Mago

Mago 1: Unifico despertando conciencia, atrayendo la receptividad y así logro mi propósito, que es magnetizar el tiempo perfecto. Me guía mi propio Sello con el poder de la atemporalidad.

Mago 2: Experimento los extremos del despertar de conciencia logrando la estabilidad gracias a ser un buen receptor y poder vencer los desafíos del tiempo. Me guía el Sello del Enlazador de mundos con el poder de la muerte.

Mago 3: Activo el despertar de conciencia reuniendo a los seres para recibir la magia del tiempo. Me guía el Sello del Espejo con el poder del orden.

Mago 4: Defino la forma correcta del despertar de conciencia decidiendo la manera de autoexistir en la frecuencia del tiempo correcto. Me guía el Sello del Perro con el poder del amor incondicional.

Mago 5: Doy poder al despertar de conciencia teniendo como recurso mi receptividad para vivenciar la magia del nuevo tiempo. Me guía el Sello del Viento con el poder del espíritu.

Mago 6: Organizo el despertar de conciencia, equilibrando la receptividad y encontrando la igualdad en la vivencia de la magia del nuevo tiempo. Me guía mi propio Sello con el poder de la atemporalidad.

Mago 7: Canalizo el encantar y siendo receptivo puedo sintonizar con la frecuencia del tiempo perfecto. Me guía el Sello del Enlazador de mundos con el poder de la muerte.

Mago 8: Armonizo el despertar de conciencia siendo receptivo e integrándome en la frecuencia del tiempo perfecto. Me guía el Sello del Espejo con el poder del orden.

Mago 9: Produzco el despertar de conciencia pulsando la receptividad para realizar la vivencia en la frecuencia del tiempo perfecto. Me guía el Sello del Perro con el poder del amor incondicional.

Mago 10: Perfecciono el despertar de conciencia manifestando la receptividad de la frecuencia del tiempo perfecto. Me guía el Sello del Viento con el poder del espíritu. Soy un portal de activación galáctico.

Mago 11: Disuelvo estructuras despertando conciencia, divulgando la magia del nuevo tiempo gracias a ser un buen receptor. Me guía mi propio Sello con el poder de la atemporalidad. Soy un portal de activación galáctico.

Mago 12: Coopero en el proceso de despertar de conciencia recepcionando la forma de universalizar el tiempo verdadero. Me guía el Sello del Enlazador de mundos con el poder de la muerte.

Mago 13: Perduro despertando conciencia, trasciendo en el tiempo recibiendo la Presencia Divina. Me guía el Sello del Espejo con el poder del orden.

- *Para todos los Magos, la energía análoga que refuerza la misión es el Sello de la Serpiente, cuya esencia es la fuerza vital; el antípoda es quien le ayuda a recordar cómo hacer mejor la misión usando en este caso la esencia de la Semilla, que es el florecimiento; el oculto es el que impulsa a la realización de la misión: el Mago es impulsado por el Sello de la Mano, cuya esencia es la realización; el guía fue detallado en cada caso y es el único de los Sellos de un oráculo que cambia. Esto se debe al cambio de los Tonos.*

Águila

Águila 1: Me unifico para crear una nueva visión atrayendo la intuición, siendo mi propósito recuperar el vuelo mágico. Me guía mi propio Sello con el poder de la visión.

Águila 2: Experimento los extremos de la visión, me estabilizo a través de la intuición y así logro recuperar el vuelo mágico. Me guía el Sello de la Mano con el poder de la realización.

Águila 3: Activo la creación de una nueva visión, reuniendo a los seres a través de la intuición para recuperar el vuelo mágico. Me guía el Sello de la Tormenta con el poder de la autogeneración.

Águila 4: Defino la forma de crear una nueva visión; tomo decisiones basándome en mi intuición para autoexistir en el vuelo mágico. Me guía el Sello del Mono con el poder de la magia.

Águila 5: Doy poder a la creación de una nueva visión recurriendo a la intuición para hacer el vuelo mágico. Me guía el Sello de la Noche con el poder de la abundancia.

Águila 6: Organizo la creación de una nueva visión equilibrándome con la intuición y logrando la igualdad en el vuelo mágico. Me guía mi propio Sello con el poder de la visión.

Águila 7: Canalizo la creación de una nueva visión sintonizando la intuición con el vuelo mágico. Me guía el Sello de la Mano con el poder de la realización.

Águila 8: Armonizo la creación de una nueva visión integrando la intuición y el vuelo. Me guía el Sello de la Tormenta con el poder de la autogeneración.

Águila 9: Produzco la creación de una nueva visión pulsando mi intuición y realizando el vuelo mágico. Me guía el Sello del Mono con el poder de la magia.

Águila 10: Perfecciono la creación de una nueva visión manifestándola para liberar el vuelo mágico. Me guía el Sello de la Noche con el poder de la abundancia.

Águila 11: Disuelvo estructuras con la creación de una nueva visión, divulgando la intuición y libero el vuelo mágico. Me guía mi propio Sello con el poder de la visión. Soy un portal de activación galáctico.

Águila 12: Coopero con la creación de una nueva visión, universalizando la intuición y el vuelo mágico. Me guía el Sello de la Mano con el poder de la realización. Soy un portal de activación galáctico.

Águila 13: Perduro con la creación de una nueva visión; trasciendo gracias a la Presencia Divina y logro el vuelo mágico. Me guía el Sello de la Tormenta con el poder de la autogeneración.

- *Para todas las Águilas, la energía análoga que refuerza la misión es el Sello de la Semilla, cuya esencia es el florecimiento; el antípoda es quien le ayuda a recordar cómo hacer mejor la misión usando en este caso la esencia de la Serpiente, que es la fuerza vital; el oculto es el que impulsa a la realización de la misión: el Águila es impulsado por el Sello del Enlazador de mundos, cuya esencia es la muerte; el guía fue detallado en cada caso y es el único de los Sellos de un oráculo que cambia. Esto se debe al cambio de los Tonos.*

Guerrero

Guerrero 1: Me unifico para cuestionarlo todo, atrayendo la intrepidez, siendo mi propósito recuperar el contacto con la inteligencia superior. Me guía mi propio Sello con el poder de la inteligencia.

Guerrero 2: Experimento los extremos cuestionando todo, me estabilizo gracias a la intrepidez y así logro recuperar contacto con la inteligencia superior. Me guía el Sello de la Estrella con el poder de la elegancia.

Guerrero 3: Activo el cuestionar, reuniéndome intrépidamente con la inteligencia superior y desde allí doy servicio a los seres de la Tierra. Me guía el Sello del Sol con el poder de la iluminación.

Guerrero 4: Defino la forma de cuestionar, diciendo cómo llegar intrépidamente, autoexistiendo a la inteligencia superior. Me guía el Sello del Humano con el poder de la libre voluntad.

Guerrero 5: Doy poder al cuestionar recurriendo a la intrepidez para comandar la inteligencia superior. Me guía el Sello de la Semilla con el poder del florecimiento. Soy un portal de activación galáctico.

Guerrero 6: Organizo el cuestionar equilibrando mi intrepidez y logrando la igualdad con la inteligencia superior. Me guía mi propio Sello con el poder de la inteligencia.

Guerrero 7: Canalizo cuestionando todo e inspirándome en mi intrepidez, y así sintonizo con la inteligencia superior. Me guía el Sello de la Estrella con el poder de la elegancia. Soy un portal de activación galáctico.

Guerrero 8: Armonizo para cuestionar todo usando mi intrepidez para integrarme con la inteligencia superior. Me guía el Sello del Sol con el poder de la iluminación.

Guerrero 9: Produzco cuestionamientos pulsando mi intrepidez para realizar el contacto con la inteligencia superior Me guía el Sello del Humano con el poder de la libre voluntad.

Guerrero 10: Me perfecciono cuestionándolo todo, siendo intrépido para manifestar la inteligencia superior. Me guía el Sello de la Semilla con el poder del florecimiento.

Guerrero 11: Disuelvo estructuras cuestionándolo todo; divulgo intrépidamente la liberación que da el contacto con la inteligencia superior. Me guía mi propio Sello con el poder de la inteligencia.

Guerrero 12: Coopero cuestionándolo todo, compartiendo mi intrepidez para universalizar la inteligencia superior. Me guía el Sello de la Estrella con el poder de la elegancia.

Guerrero 13: Perduro cuestionando para trascender con mi intrepidez y así llegar a la presencia divina de la inteligencia superior. Me guía el Sello del Sol con el poder de la iluminación.

- *Para todos los Guerreros, la energía análoga que refuerza la misión es el Sello de la Noche, cuya esencia es la abundancia; el antípoda es quien le ayuda a recordar cómo hacer mejor la misión usando en este caso la esencia del Enlazador de mundos, que es la muerte; el oculto es el que impulsa a la* realización de la misión: el Guerrero es impulsado por el Sello de la Serpiente, cuya esencia es la fuerza vital; el guía fue detallado en cada caso y es el único de los Sellos de un oráculo que cambia. Esto se debe al cambio de los Tonos.

Tierra

Tierra 1: Me unifico para evolucionar, atrayendo la sincronía, siendo mi propósito recuperar el rumbo correcto de la navegación. Me guía mi propio Sello con el poder de la navegación.

Tierra 2: Experimento los extremos para evolucionar, estabilizando la sincronicidad y así logro recuperar el rumbo correcto de la navegación. Me guía el Sello de la Luna con el poder de la fluidez. Soy un portal de activación galáctico.

Tierra 3: Activo la evolución, reuniéndome en la sincronía para servir en la correcta navegación. Me guía el Sello del Dragón con el poder de la memoria cósmica.

Tierra 4: Defino la forma de evolucionar, decidiendo sincronizarme para autoexistir dentro de la correcta navegación. Me guía el Sello del Caminante del cielo con el poder de la exploración.

Tierra 5: Doy poder a la evolución recurriendo a la sincronía para comandar la correcta navegación. Me guía el Sello de la Serpiente con el poder de la fuerza vital.

Tierra 6: Organizo la evolución equilibrando la sincronía y logrando la igualdad como navegante. Me guía mi propio Sello con el poder de la navegación.

Tierra 7: Canalizo la evolución inspirándome en la sincronía, y así sintonizo con la correcta navegación. Me guía el Sello de la Luna con el poder de la fluidez.

Tierra 8: Armonizo la evolución modelando la sincronía e integrándome con la correcta navegación. Me guía el Sello del Dragón con el poder de la memoria cósmica.

Tierra 9: Produzco la evolución pulsando la sincronía para realizar la correcta navegación. Me guía el Sello del Caminante del cielo con el poder de la exploración.

Tierra 10: Me perfecciono para evolucionar logrando la sincronía y manifiesto la correcta navegación. Me guía el Sello de la Serpiente con el poder de la fuerza vital.

Tierra 11: Disuelvo estructuras evolucionando; divulgo la sincronía para liberar la correcta navegación. Me guía mi propio Sello con el poder de la navegación.

Tierra 12: Me dedico a evolucionar universalizando la sincronía y coopero para lograr la navegación correcta. Me guía el Sello de la Luna con el poder de la fluidez. Soy un portal de activación galáctico.

Tierra 13: Perduro evolucionando para trascender la sincronía y así llegar a la Presencia Divina, encontrando el camino correcto para navegar. Me guía el Sello del Dragón con el poder de la memoria cósmica.

- *Para todas las Tierras, la energía análoga que refuerza la misión es el Sello del Viento, cuya esencia es el espíritu; el antípoda es quien le ayuda a recordar cómo hacer mejor la misión, usando en este caso la esencia de la Mano, que es la realización; el oculto es el que impulsa a la realización de la misión: la Tierra es impulsada por el Sello de la Semilla, cuya esencia es el florecimiento; el guía fue detallado en cada caso y es el único de los Sellos de un oráculo que cambia. Esto se debe al cambio de los Tonos.*

Espejo

Espejo 1: Me unifico para reflejar, atrayendo el orden, siendo mi propósito conectar con el infinito. Me guía mi propio Sello con el poder del orden.

Espejo 2: Experimento los extremos para reflejar; estabilizándome a través del orden, venzo los desafíos para poder llegar al infinito. Me guía el Sello del Perro con el poder del amor incondicional.

Espejo 3: Activo el reflejo reuniendo a los seres a través del orden; doy servicio vinculándolos con el infinito. Me guía el Sello del Viento con el poder del espíritu.

Espejo 4: Defino la forma de reflejar, decidiendo poner orden y autoexistiendo para vivenciar el tránsito hacia el infinito. Me guía el Sello del Mago con el poder de la atemporalidad.

Espejo 5: Doy poder reflejando, recurro al orden para comandar el tránsito hacia el infinito. Me guía el Sello del Enlazador de mundos con el poder de la muerte.

Espejo 6: Organizo reflejando y ordenando para equilibrarme y así encontrar la igualdad infinita. Me guía mi propio Sello con el poder del orden.

Espejo 7: Canalizo el reflejo y me estabilizo a través del orden, logrando así sintonizarme con el infinito. Me guía el Sello del Perro con el poder del amor incondicional.

Espejo 8: Armonizo reflejando, modelando ordenadamente e integrándome con el infinito. Me guía el Sello del Viento con el poder del espíritu.

Espejo 9: Produzco reflejos pulsando el orden para realizar la conexión con el infinito. Me guía el Sello del Mago con el poder de la atemporalidad.

Espejo 10: Me perfecciono reflejando y poniendo todo en orden para manifestar el sinfín. Me guía el Sello del Enlazador de mundos con el poder de la muerte. Soy un portal de activación galáctico.

Espejo 11: Disuelvo estructuras para reflejar, divulgando el orden para liberar el tránsito hacia el infinito. Me guía mi propio Sello con el poder del orden.

Espejo 12: Me dedico reflejando, universalizando el orden para cooperar en la búsqueda del infinito. Me guía el Sello del Perro con el poder del amor incondicional.

Espejo 13: Perduro reflejando; trasciendo ordenadamente para encontrar la Presencia Divina en el infinito. Me guía el Sello del Viento con el poder de la memoria cósmica.

- *Para todos los Espejos, la energía análoga que refuerza la misión es el Sello del Dragón, cuya esencia es la memoria cósmica; el antípoda es quien le ayuda a recordar cómo hacer mejor la misión, usando en este caso la esencia de la Estrella, que es la elegancia; el oculto es el que impulsa a la realización de la misión: el Espejo es impulsado por el Sello de la*

Noche, cuya esencia es la abundancia; el guía fue detallado en cada caso y es el único de los Sellos de un oráculo que cambia. Esto se debe al cambio de los Tonos.

Tormenta

Tormenta 1: Me unifico para transformar aceleradamente, atrayendo la energía para lograr mi propósito de autogeneración. Me guía mi propio Sello con el poder de la autogeneración.

Tormenta 2: Experimento los extremos de la transformación, estabilizándola con energía; venzo los desafíos para lograr la autogeneración. Me guía el Sello del Mono con el poder de la magia.

Tormenta 3: Activo la transformación acelerada reuniendo la energía; doy servicio desde la autogeneración. Me guía el Sello de la Noche con el poder de la abundancia.

Tormenta 4: Defino la forma de transformar aceleradamente, midiendo la energía y así llego a la autogeneración. Me guía el Sello del Águila con el poder de la visión.

Tormenta 5: Doy poder a la transformación acelerada, teniendo como recurso la energía para comandar la autogeneración. Me guía el Sello de la Mano con el poder de la realización. Soy un portal de activación galáctico.

Tormenta 6: Organizo la transformación acelerada, equilibrando la energía y autogenerando llego al estado de igualdad. Me guía mi propio Sello con el poder de la autogeneración.

Tormenta 7: Canalizo la transformación acelerada, inspirando la energía para sintonizar la autogeneración. Me guía el Sello del Mono con el poder de la magia.

Tormenta 8: Armonizo la gran transformación, integrando la energía para lograr la autogeneración. Me guía el Sello de la Noche con el poder de la abundancia.

Tormenta 9: Produzco la transformación acelerada pulsando la energía que me permitirá realizarme en la autogeneración. Me guía el Sello del Águila con el poder de la visión.

Tormenta 10: Perfecciono la transformación acelerada produciendo la energía y así logro manifestar la autogeneración. Me guía el Sello de la Mano con el poder de la realización.

Tormenta 11: Disuelvo estructuras transformando aceleradamente; divulgo la esencia de la energía, liberando la conciencia de autogeneración. Me guía mi propio Sello con el poder de la autogeneración.

Tormenta 12: Me dedico transformando aceleradamente gracias a la energía que me permite cooperar en la autogeneración. Me guía el Sello del Mono con el poder de la magia.

Tormenta 13: Perduro transformándome; trasciendo a través de la energía y logro la autogeneración que me lleva a la Presencia Divina. Me guía el Sello de la Noche con el poder de la abundancia. Soy un portal de activación galáctico.

- Para todas las Tormentas, la energía análoga que refuerza la misión es el Sello del Sol, cuya esencia es la iluminación; el antípoda es quien le ayuda a recordar cómo hacer mejor la misión, usando en este caso la esencia de la Luna, que es la fluidez; el oculto es el que impulsa a la realización de la misión: la Tormenta es impulsada por el *Sello del Viento*, cuya esencia es el espíritu; el guía fue detallado en cada caso y es el único de los Sellos de un oráculo que cambia. Esto se debe al cambio de los Tonos.

Sol

Sol 1: Me unifico para iluminar, atrayendo la vida para lograr mi propósito de fundirme con el fuego universal. Me guía mi propio Sello con el poder de la iluminación.

Sol 2: Experimento los extremos de la luz, estabilizando la vida venzo los desafíos para fundirme en el fuego universal. Me guía el Sello del Humano con el poder de la libre voluntad.

Sol 3: Activo la iluminación, reuniendo a los seres; les doy servicio desde la conciencia de vida, fundiéndolos con el fuego universal. Me guía el Sello de la Semilla con el poder del florecimiento.

Sol 4: Defino la forma de iluminar, midiendo la vida y así llego a fundirme con el fuego universal. Me guía el Sello del Guerrero con el poder de la inteligencia.

Sol 5: Doy poder a la iluminación, teniendo como recurso la energía de vida para comandar la fusión con el fuego universal. Me guía el Sello de la Estrella con el poder de la elegancia.

Sol 6: Organizo la iluminación, equilibrando la vida y llegando al fuego universal en total igualdad. Me guía mi propio Sello con el poder de la iluminación.

Sol 7: Canalizo la luz inspirando la vida, para sintonizarme con el fuego universal. Me guía el Sello del Humano con el poder de la libre voluntad. Soy un portal de activación galáctico.

Sol 8: Armonizo iluminando, así integro la vida para lograr la fusión con el fuego universal. Me guía el Sello de la Semilla con el poder del florecimiento.

Sol 9: Produzco la iluminación pulsando la vida, y así logro fundirme con el fuego universal. Me guía el Sello del Guerrero con el poder de la inteligencia.

Sol 10: Perfecciono la iluminación produciendo la vida y así logro manifestar la fusión con el fuego universal. Me guía el Sello de la Estrella con el poder de la elegancia.

Sol 11: Disuelvo estructuras iluminando; divulgo la esencia de la vida liberando el fuego universal. Me guía mi propio Sello con el poder de la iluminación.

Sol 12: Me dedico iluminando para cooperar con la vida y así fundirnos en el fuego universal. Me guía el Sello del Humano con el poder de la libre voluntad.

Sol 13: Perduro iluminando, trascendiendo la vida y logro llegar a la Presencia Divina del fuego universal. Me guía el Sello de la Semilla con el poder del florecimiento. Soy un portal de activación galáctico.

- *Para todos los Soles, la energía análoga que refuerza la misión es el Sello de la Tormenta, cuya esencia es la autogeneración; el antípoda es quien le ayuda a recordar cómo hacer mejor la misión, usando en este caso la esencia del Perro, que es el amor incondicional; el oculto es el que impulsa a la realización de la misión: el Sol es impulsado por el Sello del Dragón, cuya esencia es la memoria cósmica; el guía fue detallado en cada caso y es el único de los Sellos de un oráculo que cambia. Esto se debe al cambio de los Tonos.*

Capítulo 6
El Haab: la Cuenta del calendario civil

Esta cuenta se basa en un ciclo solar de 365 días, que se divide en 18 períodos de 20 días cada uno, más un ciclo de 5 días de purificación llamado *UAYEB*.

El comienzo de la cuenta coincide con el inicio del Calendario de 13 Lunas de 28 días, o sea, el 26 de julio. Cada ciclo o mes de 20 días es llamado *VINAL* (o *UINAL*).

Seguir este "sincronario" representa también un camino iniciático, ya que cada mes tiene una meditación a trabajar para alcanzar así la Piedra de la Sabiduría, el día 25 de julio, y comenzar un nuevo año el día 26.

Veamos cada vinal en detalle:

POP

Transcurre desde el 26 de julio hasta el 14 de agosto inclusive.

Es traducido como "el maestro". Significa "estera"; alrededor de ella se sentaban los señores que mandaban sobre el pueblo. En este mes se arrojaban al basurero del pueblo utensilios viejos, y se limpiaban y arreglaban las casas.

El patrono de este ciclo es el jaguar.

Los nacidos en este período tienen gran capacidad de análisis, discernimiento y son buenos comunicadores.

La meditación para realizar en este vinal es: "El que sabe".

UO

Transcurre desde el 15 de agosto hasta el 3 de septiembre inclusive.

Es traducido como "el explorador silencioso". Significa "rana", "el que canta dentro del agua". Uo también es el nombre de una fruta muy jugosa. Es el mes de las frutas. Uoh es el Señor de la tierras húmedas o mojadas. En este mes se celebraban fiestas a los patronos, sacerdotes, hechiceros, médicos y pescadores.

El patrono de este ciclo es el número 7, el dios de la Luna.

Los nacidos en este período son aquellos que indagan con sed de sabiduría.

La meditación de este vinal es: "Escucha en silencio".

ZIP

Transcurre desde el 4 de septiembre hasta el 23 de septiembre inclusive.

Es traducido como "el poder de integrar el universo". Significa "pecado o culpa". Es un tiempo de redención y ayuda para lograr el éxito, las buenas cosechas. Se realizan en este período danzas especiales donde participan médicos, hechiceros, pescadores y cazadores.

El patrono del mes es el dios Serpiente Itzamnak.

Los nacidos en este período tienen dones de mando y gran conciencia de su misión, siendo serviciales y ejerciendo el liderazgo.

La meditación de este vinal es: "Para poder integrar el universo".

ZOTZ

Transcurre desde el 24 de septiembre hasta el 13 de octubre inclusive.

Es traducido como "conocimiento y conciencia". Significa "murciélago", ya que en este tiempo había muchos frutos en los árboles y al anochecer parecía haber una lluvia de murciélagos en los frutales. En este mes limpiaban las colmenas y preparaban la fiesta al señor de la miel Yum Cab.

El patrono del mes es el murciélago.

Los nacidos en este período son altruistas, con grandes inquietudes de servicio social y generosidad.

La meditación de este vinal es: "Basado en el conocimiento".

TZEC

Transcurre desde el 14 de octubre hasta el 2 de noviembre inclusive.

Es traducido como "fundamento". Significa "llamado de atención, reconvención".

En este ciclo los dueños de colmenas se entregaban con fiestas y ceremonias al Señor de las Colmenas, para que abundase la miel.

El patrono del mes es Caban.

Los nacidos en este período tienen grandes iniciativas y proyectos que, con disciplina y perseverancia, llevan a cabo.

La meditación de este vinal es: "Llegando a las bases".

XULL

Transcurre desde el 3 de noviembre hasta el 22 de noviembre inclusive.

Es traducido como el que planta una semilla con sabiduría. Significa "lo que se daba, lo que se acabó". En este ciclo se celebran las grandes ceremonias a Quetzalcoatl, la Serpiente Emplumada, y con tal motivo se practicaba el trueque y había desfiles de sacerdotes y grandes señores, quienes se presentaban engalanados con penachos, plumas, escudos y mantos. También había payasos y bufones.

El patrono de este período es Quetzalcoatl, Serpiente Emplumada, símbolo solar.

Los nacidos en este tiempo se inclinan por actividades intelectuales y estudios humanísticos. Son poseedores de paciencia y constancia.

La meditación de este vinal es: "Donde con gran sabiduría se siembra una semilla".

YAXKIN

Transcurre desde el 23 de noviembre hasta el 12 de diciembre inclusive.

Es traducido como "relámpago del Sol secreto". Significa "primer día". En este mes creía necesaria la renovación de todas las cosas, y se pedía perdón a los animales muertos, para lo cual se colgaban plumas, cuernos, alas, y quijadas dentro de las casas. Nadie debía ofender a estos restos.

El patrono del mes es el Sol.

Los nacidos en este período poseen gran iniciativa y creatividad; son impulsivos, simpáticos, humorísticos y carismáticos.

La meditación del vinal es: "Un pequeño rayo de Sol escondido".

MOL

Transcurre desde el 13 de diciembre hasta el 1 de enero inclusive.

Es traducido como "el que reúne todas las piezas". Significa "recoger, recolectar, cosechar, reunirse". En este mes se celebra una ceremonia con una comida de la milpa que se hace con los primeros elotes (mazorcas de maíz tierno) cosechados en forma de tamales y atoles.

El patrono del período es un dios viejo desconocido.

Los nacidos en este ciclo son investigadores; pueden desarrollarse como científicos, ya que poseen intuición y gran capacidad de deducción.

La meditación del vinal es: "Que une todas las piezas".

CHEN

Transcurre desde el 2 de enero hasta el 21 de enero inclusive.

Es traducido como "entrar en el pozo interior de la sabiduría". Significa "solamente".

En este mes únicamente se podían hacer o retocar nuevos ídolos, que después eran llevados al templo.

El patrono del ciclo es la Luna.

Los nacidos en este período son muy espirituales, sensibles y profundos; dan a la vida un sentido religioso.

La meditación del vinal es: "Para entrar en la fuente de la sabiduría interna".

YAX

Transcurre desde el 22 de enero hasta el 10 de febrero inclusive.

Es traducido como "el discípulo aclara su mente, se ilumina". El nombre de este período se refiere a que el Sol comienza a moverse hacia el norte. Esto sucede a los 18 días del vinal, o sea el 8 de febrero. En este tiempo se renovaban los ídolos y braceros, y se hacía la fiesta de entrada a la casa homenajeando a los señores de las lluvias y de las milpas.

Los patronos de este ciclo eran los señores de las lluvias.

Los nacidos en este tiempo gozan de claridad y orden mental.

La meditación de este vinal es: "Donde el estudiante aclara su mente dándose cuenta de la parte que no ha madurado".

ZAC

Transcurre desde el 11 de febrero hasta el 2 de marzo inclusive.

Es traducido como "las nubes y las dudas que se disipan". Significa "blanco". En este tiempo se hace una bebida para perdonar culpas a cazadores y bajar la ira de los señores.

El patrono del mes es Zuhuy Zip, "la que perdona".

Los nacidos en este período tienen capacidad para advertir las soluciones de los problemas y poner al día los asuntos rezagados.

La meditación de este vinal es: "Que borra las nubes de la duda, elevándose".

CEH

Transcurre entre el 3 de marzo y el 22 de marzo inclusive.

Es traducido como "el quebrar de los hábitos con el canto" y "buscando la luz blanca". Significa "venado". En este mes se celebra el equinoccio de marzo en el que la noche y el día son iguales.

El patrono de este ciclo es el Viento, que da vida y muerte.

Los nacidos en este período son audaces, emprendedores y aventureros.

La meditación de este vinal es: "Rompe con la cautela acostumbrada y alcanza la luz blanca".

MAC

Transcurre entre el 23 de marzo y el 11 de abril inclusive.

Es traducido como "cerrar lo que está equivocado y entrar en un estado crítico".

Significa "tapar, cubrir". En este tiempo, la festividad era tapar el camino a los malos espíritus. Esto lo realizaban los ancianos junto a los sacerdotes para festejar a los señores de las lluvias y a Itzamnah. Se quemaba toda clase de animales y sabandijas y se apagaba el fuego con agua de los señores de las lluvias.

Los patronos del mes son los señores de las lluvias y el Señor.

Los nacidos en este período tienen tendencia a ser perfeccionistas y organizadores, con decisiones repentinas.

La meditación del este vinal es: "Cerrando la puerta equivocada y entrando en percepción".

KANKIN

Transcurre entre el 12 de abril y el 1 de mayo inclusive.

Es traducido como "la recepción de la luz de la sabiduría del maestro". Significa "Sol maduro" o "Sol amarillo". Su faz es amarilla y con él se puede empezar la tarea de quemar los montes para las milpas.

El patrono del mes es Zuhuy K'aak', la virgen del fuego, la que impera en primavera.

Los nacidos en este período tienen facultades parapsicológicas y artísticas, y predisposición al desarrollo de disciplinas esotéricas.

La meditación de este vinal es: "Recibiendo la luz del que sabe".

MAUN

Transcurre entre el 2 de mayo y el 21 de mayo inclusive.

Es traducido como "ver en la oscuridad". Es el nombre de un pájaro, y así también se nombran al Sol y a la nube, porque todos se relacionan con el cielo. A este período se lo llama así porque las nubes traen agua para las milpas. La festividad de este tiempo era para los protectores de los sembrados; había ofrendas y se quemaba copal. El patrono de este período es el señor de la lluvia.

Los nacidos en este período gozan de valentía, tienen una visión más profunda que los demás, son perseverantes y a veces tercos.

La meditación del vinal es: "Para ver en la oscuridad".

PAX

Transcurre desde el 22 de mayo hasta el 10 de junio inclusive.

Es traducido como "tocar la música nueva en el futuro". Significa "romper". En este tiempo, los señores de la lluvia rompían sus vasijas y se desencadenaba la lluvia sobre los granos de maíz. Se festejaba el Pacum Chaac; los sacerdotes pasaban juntos 5 noches en el templo de las lluvias, y ayunaban con oraciones, sahumerios y ofrendas. Al finalizar, comían y bailaban la danza de los guerreros.

El patrono de este ciclo es el dios de la lluvia.

Los nacidos en este período son innovadores y gozan de la alegría de vivir. Es un mes para la creatividad.

La meditación del vinal es: "Tocando la música del futuro".

KAYAB

Transcurre desde el 11 de junio hasta el 30 de junio inclusive.

Es traducido como "el canto y el ritmo". Significa "canto de pájaros, sapos e insectos del agua y de la Tierra". Cantan por los días lluviosos y están contentos porque sus almas se llenan de frescura. Se siguen las festividades para los "rompedores de ollas" de la lluvia. El patrono de este ciclo es el señor de la lluvia.

Los nacidos en este período tienen aptitudes artísticas; es un tiempo de armonía.

La meditación del vinal es: "Con la canción y el ritmo".

CUMKÚ

Transcurre desde el 1 de julio al 20 de julio inclusive.

Es traducido como "la colocación de la esencia en el sitio correcto donde se obtiene el alimento espiritual". Significa "detenerse". Quiere decir que el Sol ya se detuvo, hace mucho calor, el Sol se ve en el medio cielo. Continúan las festividades a la lluvia y al señor Kukulcán.

El patrono del mes es el señor de la lluvia.

Los nacidos en este período buscan la esencia de las cosas; son muy pensativos.

La meditación de este vinal es: "Ubicado en el lugar correcto donde se halla el alimento de la divinización".

UAYEB

Transcurre desde el 21 de julio hasta el 25 de julio inclusive.

Es traducido como "la equivocación". Se aplica a los últimos 5 días del año. Se creía que había muchos fantasmas sueltos, y por ello el pueblo permanecía en sus casas. Sólo salían para ir a los templos a hacer ofrendas a sus dioses. Se quemaba abundante copal.

21/07   Día de purificación de la visión y el conocimiento.

22/07 Día de purificación de la humildad y la meditación.
23/07 Día de purificación de la paciencia y la conducta.
24/07 Día de purificación del poder y la maduración.
25/07 Día Verde. Al igual que en el Calendario de 13 Lunas de 28 días, es un día de meditación, celebración y oración.

La meditación de estos días es: "Todo lo que es necesario para obtener la piedra preciosa de la sabiduría".

Veamos las meditaciones todas juntas en el ciclo anual como camino de iniciación. Nótese la continuidad del trabajo interno que se desarrolla:

POP	El que sabe.
UO	Escucha en silencio.
ZIP	Para poder integrar el universo.
ZOTZ	Basado en el conocimiento.
TZEC	Llegando a las bases.
XULL	Donde con gran sabiduría se siembra una semilla.
YAXKIN	Un pequeño rayo de Sol escondido.
MOL	Que une todas las piezas.
CHEN	Para entrar en la fuente de la sabiduría interna.
YAX	Donde el estudiante aclara su mente dándose cuenta de la parte que no ha madurado.
ZAC	Que borra las nubes de la duda, elevándose.
CEH	Rompe con la cautela acostumbrada y alcanza la luz blanca.

MAC	Cerrando la puerta equivocada y entrando en percepción.
KANKIN	Recibiendo la luz del que sabe.
MAUN	Para ver en la oscuridad.
PAX	Tocando la música del futuro.
KAYAB	Con la canción y el ritmo.
CUMKÚ	Ubicado en el lugar correcto donde se halla el alimento de la divinización.
UAYEB	Todo lo que es necesario para obtener la piedra preciosa de la sabiduría.

Pop   *Uo*   *Zip*   *Zotz*

Tzec   *Xull*   *Yaxkin*   *Mol*   *Chen*

Yax   *Zac*   *Ceh*   *Mac*   *Kankin*

Maun   *Pax*   *Kayab*   *Cumkú*   *Uayeb*

Los glifos de los 18 meses, más el Uayeb.

Capítulo 7
Sincronización con la Cuenta Tradicional maya

Antes de desarrollar este capítulo debemos recordar que el Calendario de las 13 Lunas de 28 días y el orden sincrónico 13:20, existen *para sincronizar y coordinar sistemáticamente todos los sistemas de medida del tiempo* (maya tradicional, el nahuatl, el lunar indígena, árabe, chino, japonés, hebreo o hindú e incluso el gregoriano) con el orden superior de la matriz del tiempo cuatridimensional.

La cuenta de los mayas tradicionales es la que siguen los mayas de las tierras altas de Guatemala. Esta cuenta es llamada *Oxlajuj Ajpop* y es guardada por las tribus quiché, cakchiquel, pocomam y otras del área de las tierras altas. El *Chilam Balam* (que habla de la cuenta de la Cuceb, que es la cuenta de las 13 lunas de 28 días más el día fuera del tiempo) es de la tradición de las tierras bajas o yucatecas.

La Cuenta Tradicional es llamada *Cuenta Indígena*, y la de la Cuceb (*Tun Uc*) recibe el nombre de *Cuenta Galáctica*.

Existe una diferencia de 51 días entre ambas, lo que no marca distancias sino una alianza profética. El propósito era que estas 2 tradiciones existieran y sobrevivieran a la conquista y a la intervención cristiana con el fin de que se unificaran en el equinoccio de primavera (hemisferio norte) del año 1998, la resurrección maya, día 15 de la Luna Solar del Jaguar, Viento 9 en la Cuenta Cuceb y Mono 10 en la Cuenta Tradicional.

- En la Cuenta Maya Galáctica, la secuencia de kines comienza por Dragón 1 y culmina en Sol 13 al completar los 260 kines. En este caso, el inicio es la unificación para recobrar la memoria cósmica y así trascender la iluminación al final del ciclo.

- En la Cuenta Maya Indígena la secuencia comienza por Mono 1 y termina en Perro 13. En este caso, la unificación en la magia del juego lleva a trascender el amor incondicional.

Si observamos el presente gráfico del Tzolkin, veremos que Dragón 1 está ubicado en la primera fila y en la primera columna, mientras que Sol 13 está en la última fila, última columna. Muestra cómo la Cuenta Galáctica viene desde el todo conteniendo y abrazando los 260 kines para su realización.

La Cuenta Tradicional funciona desde el corazón del Tzolkin hacia la totalidad, ya que Mono 1 y Perro 13 están en el centro de esta matriz del tiempo.

Ambas cuentas sincronizan y funcionan juntas por ley universal de correspondencia. Con la Cuenta Maya Galáctica nos sincronizamos con la galaxia, despertando nuestra conciencia hasta lo más íntimo, nuestro centro. Desde allí, la otra cuenta fluye sola.

Hay otras relaciones matemáticas más específicas que no desa-

COLECCIÓN infinito   **133**

TZOLKIN SAGRADO

rrollaremos en este trabajo, ya que nuestro objetivo es que este conocimiento inicial sea simple e introductorio.

Si ya conoces tu kin en la Cuenta Galáctica, hay una cuenta muy sencilla para hacer. Puedes sumar 1 a tu Tono, sumar un color y restar una familia terrestre, obteniendo así tu kin en la Cuenta Maya Indígena. Por ejemplo: mi kin en la Cuenta Maya Galáctica es Espejo Espectral Blanco (Tono 11), y en la Cuenta Maya Indígena es Mano Cristal Azul (Tono 12). Ambas misiones hacen a mi integridad, a mi esencia, e intento accionarlas en el aquí y el ahora.

Recordemos: la esencia de la totalidad es la sincronización y unificación de cada parte con el todo.

Capítulo 8
Campaña por el Nuevo Tiempo: cómo ser un Mago de la Tierra

José Argüelles y su esposa Lloydine crearon el "Movimiento para el Cambio al Calendario de las 13 Lunas de 28 días", al cual nos hemos sumado seres de todo el planeta trabajando activamente hasta el final del ciclo en el 2013. Cada vez más y más seres se unifican en la tarea.

Quizás la pregunta sea ¿por qué? Y la respuesta, como decía John Lennon, sea: "...Imagina a toda la gente viviendo por hoy.... Imagina que no hay países... nada porque matar, ni porque morir...".

La Ley del Tiempo afirma que las aves vuelan sin pasaporte, los delfines nadan sin cuenta bancaria, las hormigas viven sin teléfonos celulares, y todos los ciclos de la vida se mantienen sin fronteras. Las fronteras, que son fortificadas por el dinero y las armas, mantienen las diferencias y quebrantan el orden natural.

La Campaña por el Nuevo Tiempo nos desafía a imaginar que es posible cambiar el calendario y nuestra forma de pensar, y así imaginar a toda la gente viviendo en paz.

Imagina no más Abril, Mayo, Junio y Octubre... Imagina no más industrias de la muerte... Imagina no más gobiernos... Imagina la telepatía como forma de vida... Imagina a toda la gente siguiendo el tiempo natural... Imagina un mundo donde el tiempo ya no sea dinero sino arte... Imagina.

> "Dirás que soy un soñador
> pero no soy el único.
> Espero que un día te unas a nosotros
> y el mundo será como uno."
>
> John Lennon

La Ley del Tiempo afirma que, por la naturaleza de la frecuencia del tiempo universal, el mundo ya es "uno". Y en ese "uno", nuestro proceso radiactivo de pensamiento comunicará telepáticamente las redes centellantes de percepción interior y comprensión pulsando arcos de intencionalidad, a lo que el mundo responderá en forma semejante.

Todo esto fue profetizado y escrito hace un largo tiempo en los templos de la selva maya:

> "Si ahora *(año 665 d.C.)* han pasado 34 años desde que empecé mi tiempo de poder, luego de otros 18 años todo estará completo. Este tiempo es para dejar la medida, este tiempo es para preparar las profecías. Sólo tengo este tiempo. Pronto me prepararé para la construcción de mi Templo de la Ley. Y en él prepararé todos los códigos que serán dejados en los muros de sus cámaras, y para su construcción

dejaré instrucciones para la edificación de la bóveda interior, mi cámara de muerte, la pequeña Xibalbay, el camino del pasaje del Bolon Tiku, los Señores del Tiempo vienen por mí... Todo esto estaba escrito en un libro. Todo esto fue predicho un largo tiempo atrás. Todo esto fue profetizado, cómo haría lo que hice y lo que tengo que hacer".

"En mi tumba estarán los códigos para enseñar al pueblo de ese tiempo distante. Y mi tumba será la lección. En ese tiempo, nadie sabrá más lo que sabemos. Pocos sabrán la cuenta de los días, pero del propio tiempo nadie sabrá más. Como ha sido profetizado, dejaré el mensaje en mi tumba y el descubridor del mensaje de mi tumba, con la misma cuenta sagrada, establecerá una cuenta diferente de la cuenta de los días, sólo para que la totalidad del tiempo sea conocida otra vez... Y los descubridores de la tumba y del mensaje de la tumba, ellos han sido anunciados; ellos también han sido profetizados, pero hace mucho tiempo... En otra Tollian, ellos han sido profetizados."

"Y para ayudar al pueblo de ese tiempo antes de que se cierre el gran ciclo, el descubridor del mensaje de mi tumba debe mostrar al pueblo de la Tierra la cuenta del Tun Uc, la cuenta del 7, el 4 y el 13. De esta manera, el conocimiento de la totalidad del tiempo será restablecido, pero perdido estará el pueblo en una cuenta que está torcida, la cuenta de los falsos. Tan perdidos estarán, que ellos no lo creerán cuando se les diga que su cuenta torcida los ha descarriado; ellos no lo creerán, cuando se les diga que su cuenta torcida los ha llevado al desierto que no tiene medida, pero está lleno de humo y saqueos... Y que es su cuenta torcida la responsable por los terroríficos sonidos, choques de metales y explosiones peores que un trueno... y la causa de la destrucción de la vida, distinto a todo lo que hemos conocido."

"Mi tumba será descubierta antes del fin del ciclo. Mi tumba finalmente será destapada. Entonces, las profecías serán conocidas antes del fin del ciclo. Esto significa que sólo un katún, el katún final, el último 13 Ahau Katún, el 66° katún después de la terminación de mi tumba, permanecerá cuando todo esto sea hecho, cuando el pueblo deje su cuenta torcida, cuando al pueblo de la Tierra se le haya mostrado este mismo conocimiento como yo se los revelo a ustedes. Entonces deberá haber un llamado otra vez para la reunión del Concilio de los Ancianos de la Tierra... Ellos vendrán... Ellos sabrán quiénes son... Todo esto ya ha sido previsto, todo esto ha sido profetizado.... Todo esto ha sido escrito en un libro."

Profecía de Pacal Votan recibida por "el Mensajero del Tiempo", testimonio de la voz de la tumba.
Valum Votan - José Argüelles.

- Claves para entender las profecías

En el año 1952, el antropólogo Alberto Ruz Lhuillier descubrió el Templo de las Inscripciones, en Palenque, Chiapas, México. En dicho templo, se encontraba la tumba del Gran Rey Pacal Votan.

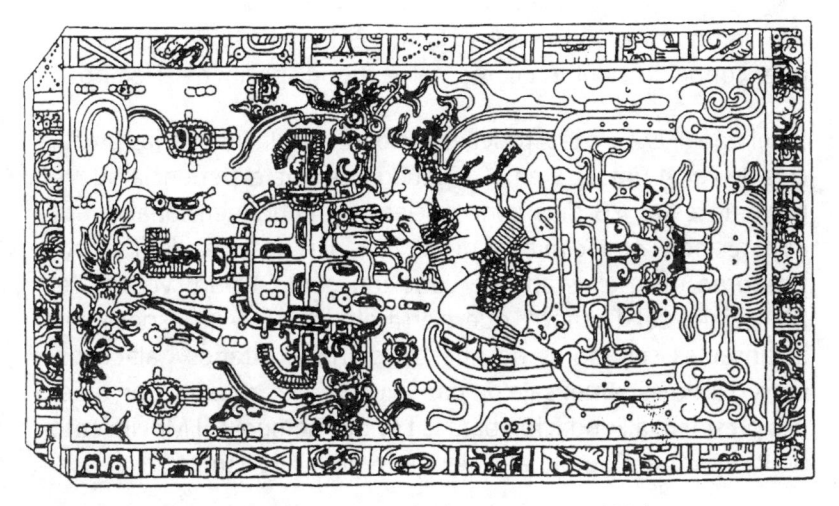

Ilustraciones de la Lápida de Palenque, en México.

José Argüelles y su esposa Lloydine decodificaron en los años '80 las señales contenidas en el interior, y en los '90 interpretaron la profecía de la Lápida (una piedra esculpida de aproximadamente 3,8 x 2,2 metros, y 30 cm. de espesor) que cubría la tumba de Pacal Votan.

En ella se lo ve al soberano Pacal descansando sobre la tierra; su expresión facial en éxtasis está mirando al cielo. Debajo de Pacal hay una enorme boca del mundo subterráneo, representado por las mandíbulas de un jaguar que se dispone a engullir al difunto. Encima del soberano se encuentra el árbol cósmico en forma de cruz, cuyos brazos terminan en forma de dragón, que simboliza la sangre. Sobre este árbol se encuentra el pájaro celeste, y suspendida, aparece la serpiente bicéfala.

Alrededor de la piedra hay información sobre la organización del universo. Pacal está suspendido entre 2 infinitos, como Señor de un universo místico y divino. Él fue el 11° Rey de Palenque, conocido también como "el Testigo Especial del Tiempo".

En el año 1992, José Argüelles recibe la revelación de las profecías de Pacal Votan, y en 1997, luego de una experiencia que le permitió estar 28 días con conciencia multidimensional continua, recibe el conocimiento de las 20 tablas de la Ley del Tiempo, y retorna de ese estado de conexión como *Valum Votan*, "el Mensajero del Tiempo" que cierra el ciclo. Él y su esposa son incansables servidores de nuestro planeta, gitanos galácticos, entregando este mensaje de paz y vuelta a la armonía. Son quienes presiden la Fundación para la Ley del Tiempo y el Movimiento de Paz para el Cambio al Calendario de las 13 Lunas.

Acerca del primer párrafo de la profecía: como vimos, Pacal nació en el año 603 d.C. Cuando transcurría el año 631, él despierta conciencia de su misión como Profeta del Tiempo. 631 + 34 = año 665, y 665 + 18 = 683, año de su muerte.

- *Información específica sobre conceptos mayas*

1 baktún = 20 katunes (aproximadamente 395 años)
1 katún = 20 tunes (aproximadamente 20 años)
1 tun = 18 vinales (360 días)
Fin del ciclo: año 2013 d.C.
Finalización de la construcción de la tumba de Pacal: año 692 d.C.
Descubrimiento de la tumba: año 1952 d.C.
Tollian: ciudad maya

- Para más información sobre el mundo profético maya, con-

sultar el libro N° 1 de esta Colección, "PROFECÍAS MAYAS. Increíbes revelaciones para nuestra época", de Darío Bermúdez (Editorial Kier).

La Campaña para el Nuevo Tiempo consiste en un ciclo preparatorio de 4 años, 2000-2004, la propia Campaña, más el período de prueba de un año. La meta es el reemplazo del gregoriano por el Sincronario de 13 Lunas, efectivo en Tormenta Cristal Azul, 26 de julio de 2004. Para asegurar su éxito, debe incluir un período de un año de prueba, durante el cual toda la especie estará operando con un nuevo estándar, el Sincronario Armónico de 13 Lunas de 28 días. "Si nunca pruebas, nunca sabrás cómo es" es el lema del año de la meta de la Campaña: 26 de julio 2004 – 25 de julio 2005.

La Campaña de 4 años más 1 para el Nuevo Tiempo es una revelación completa del Ciclo de Profecía del Telektonón. Cuando este ciclo desgarrador se complete, entonces Shambhala (sociedad que ascendió a la quinta dimensión) podrá surgir como la manifestación del nuevo orden del tiempo; sólo estableciendo Shambhala en la Tierra será la venida de la Nueva Jerusalén. Esto es representado por el quinto año de la prueba siendo el primer año de otro ciclo de 7 años: los 7 años del Misterio de la Piedra (de 2004 al 2011), que representa la resurrección del hombre post histórico en el orden cuatridimensional del Nuevo Tiempo. A este ciclo de 7 años también corresponde la construcción de otra estructura imaginaria, el Heptágono de la Mente de la Tierra.

Nos preparamos a hacer la salida final de la historia. Si hace 6.000 años la humanidad salió del cosmos hacia la historia, ahora a través de la Reforma del Calendario regresará al cosmos.

- ¿Qué es ser un "Mago de la Tierra"?

Ser un Mago de la Tierra es ser un humano con la conciencia del Nuevo Tiempo, sincronizándose diariamente con la frecuencia de la galaxia usando las 3 cuentas del tiempo. Es desplegar la misión en el planeta en unificación con otros kines, respetando la autonomía, la libre voluntad, teniendo respeto por la vida y fundamentalmente "viviendo" todas estas teorías.

Aquí, entre José Argüelles y su esposa Lloydine, luego de la Caminata por la Paz.

COLECCIÓN infinito **143**

Al final del evento, junto a kines de Chile, Argentina y Uruguay.

3er. Congreso Mundial Ovni (año 1997) en el que José Argüelles entregó "Las 20 Tablas de la Ley del Tiempo". Aquí, junto a Tynetta Muhammad (viuda de Elijah Muhammad -fundador de la Nación del Islam- quien difunde el código numérico 19 del Corán en sincronía con el código galáctico 0-19 descripto en el libro "El factor maya", de José Argüelles) y sus colaboradores; Mark Comings, científico norteamericano que trabaja sobre la física de la energía "punto cero", e integrantes del PAN – Costa Rica y Chile.

Ser Mago es tener la capacidad de *transformar* desde los planos invisibles lo que luego se verá; intentamos humildemente cambiar desde el tiempo la vida en este planeta, que no deja a cada instante de pedir socorro. Estamos a tiempo para restablecer la vida y la armonía en la Tierra; no olvidemos que es nuestra Madre. Volvamos a ser los "Merlines" que juegan a crear el maravilloso mundo de la paz eterna. El poder está en nosotros; sólo debemos recordar.

- *Para ser Magos de la Tierra pueden aprender el manejo de las Cuentas en cursos o participar de los Seminarios de Magos que realizamos con 7 días de convivencia, siguiendo los patrones del Nuevo Tiempo. La información puede ser requerida por mail a:* gentedelatierra@hotmail.com *o a:* espiritumaya39@hotmail.com, *o a:* 13lunas@onenet.com.ar, *o bien al teléfono (5411) 4723-5671 (Buenos Aires, Argentina)*

Capítulo 9
Preguntas más frecuentes en cursos de Calendario Maya

1/ ¿Para qué me sirve saber la misión que determina el Calendario Maya?

Saber la misión que cada ser tiene en la Tierra sirve para ordenarnos, y así tener la oportunidad de desarrollar al máximo el potencial interno y manifestarlo en actividades concretas, de acuerdo a la energía que cada uno posea.

De esta manera, evitamos el agotamiento tan común que se presenta al abarcar multiplicidad de actividades, más allá de aquella para la cual vinimos a este planeta. Cumplimentar nuestra misión nos hace felices al manifestar lo mejor que traemos para dar y no trae cansancio; al contrario, nos da vida.

En los próximos años la vida en el planeta se desarrollará en comunidades organizadas de acuerdo al tiempo; entonces, cada uno hará las actividades de acuerdo a su misión y al orden sincrónico del día.

2/ ¿Para qué me sirve saber qué energía se mueve cada día?

Esto es útil porque nos permite ordenarnos de acuerdo al orden galáctico y ahorrar energía. Por ejemplo: un día que es Viento es ideal para comunicarnos, dar una conferencia, participar en medios de comunicación, movernos.

Si sigo estos parámetros, dejo fluir la energía en mí, entonces estaré en sintonía. Caso contrario, si intentara entrar en un silencio meditativo, lo más factible es que no lo logre porque el Viento revoltoso me va a distraer; puedo lograrlo igual, pero desde el esfuerzo, y esto ya implica un uso de energía extra al ir en contra del fluir del día.

3/ ¿Por qué se fueron los mayas y a dónde?

Se dice que algunos mayas se fueron a las estrellas; otros al centro de la Tierra, y otros se entremezclaron con el pueblo tolteca. Ellos sabían por sus estudios astronómicos que vendría un período de oscuridad y *amnesia planetaria*. Tenían un registro perfecto del tiempo y de los sucesos que acontecían. Sabían que América sería invadida y entonces, antes de permitir que los conquistadores españoles los mataran a todos, se retiraron dejando señales como el sagrado Tzolkin para que sea descubierto en su esencia al final del ciclo. Los mayas ya están retornando, ya están por aquí. La luz de sus ojos es la clave para reconocerlos.

4/ ¿Los mayas eran videntes?

La clarividencia es una capacidad natural del ser humano despierto.

Al estar utilizando porcentajes mayores de inteligencia y conciencia que los que utilizamos en la actualidad, podemos decir que los mayas lograban desarrollar su potencial de videncia con naturalidad.

5/ ¿El Calendario Maya es para gente especial?

Todos tenemos en nuestro subconsciente el registro del tiempo perfecto, ordenado y galáctico. No hay gente "especial". Hay seres más dedicados, más abiertos al recuerdo cósmico. Todos podemos recordar el tiempo natural siguiendo el Calendario de 13 lunas y así abrir puertas a la normalidad del ser, es decir, a ser personas con clarividencia, clariaudiencia, telepatía, autosanación, levitación, teleportación, etc., siendo todas capacidades naturales y normales del ser humano.

6/ ¿Por qué los mayas hacían sacrificios humanos siendo tan sabios?

Hay muchas versiones sobre el tema. Los sacrificios sólo ocuparon la época en que los grandes sabios se habían retirado y la unión con el pueblo guerrero tolteca se había plasmado. En ese tiempo se realizaron sacrificios humanos hasta la llegada del príncipe Quetzalcoatl o Kukulcán, que, como vimos, quiere decir "Serpiente Emplumada".

Este ser era sumamente espiritual y cambió la tradición tolteca de hacer sacrificios humanos por la de ofrecer a los dioses flores, semillas y frutos, y entre ellos la bebida del chocolate, a la cual descubrió en su afán de dar a las divinidades algo delicioso que no perjudicara la vida de los seres de la Tierra. Asimismo, la entrega de la vida tenía una connotación totalmente distinta a nuestra percepción actual, ya que se consideraban energías estelares y no sólo cuerpos materiales.

7/ ¿Qué es la telepatía?

Es la comunicación que se establece mentalmente, sin fronteras de idiomas. Es más rápida que la velocidad de la luz, y no importa la distancia que separe a los seres entre los cuales se establece el contacto. Se pueden transmitir palabras, ideas, situaciones, deseos, etc. Un ejemplo sencillo es pensar en alguien y que nos llame por teléfono, o desear beber algo y que otra persona aparezca con un vaso de agua. Es una comunicación simple que se va desarrollando como un juego.

8/ ¿Usando el Calendario Maya se incrementa la telepatía?

Esta capacidad adormecida en los seres humanos se puede despertar con el seguimiento del Calendario de las 13 lunas, porque al fluir en el orden natural, lo que es natural del ser despierta por añadidura.

9/ ¿Por qué las fases lunares no coinciden con las semanas de las lunaciones?

Como ya mencionamos, los ciclos lunares tienen varios parámetros. La medición de los ciclos de iluminación de la Luna (llena, menguante, nueva y creciente) no dura perfectamente 7 días cada uno (ya que sigue la medición sinódica, de 29,5 días hasta que la Luna vuelve al mismo estado de iluminación). Ejemplo: el

31/5/03 es Luna nueva, el 7/6/03 es creciente; el 14/6/03 es llena; el 21/6/03 es menguante; el 29/6/03 es nueva; el 6/7/03 es creciente; el 13/7/03 es llena; el 21/7/03 es menguante. Aquí podemos ver con claridad que no siempre hay 7 días entre un cuarto y otro de las fases de iluminación. Por eso no tienen igual medida que las semanas de las lunaciones del calendario, que sí duran 7 días cada una, estableciéndose la duración del mes lunar en el número entero 28, que está formado por 4 semanas de 7 días.

10/ ¿Qué nos revela el Calendario Maya?

El Calendario Maya nos revela la magia del tiempo, el recuerdo de quiénes somos, para qué estamos en el planeta y hacia dónde vamos. Es decir, su revelación nos conecta con lo más importante y sagrado como seres vivos.

11/ ¿Qué es un animal de poder?

Para las culturas aborígenes, el animal de poder es aquel que se presenta para que meditemos en su esencia, trabajemos con ella y la desarrollemos en nosotros, además de que sea nuestro acompañante por el tiempo que deba estar.

Por ejemplo: el oso es un animal que aparece para aquellas personas que necesitan fortaleza, ponerse de pie, solidez. Un animal de poder se puede convocar en una meditación o en los sueños.

12/ ¿De qué forma medito sobre la energía de cada día?

Lo primero que debo hacer es saber qué Sello y qué Tono reina ese día, y reflexionar sobre la enseñanza de ambos tratando de aplicarlos a todas las actividades del día. Por ejemplo: si hoy fuera Espejo Rítmico Blanco, sabemos que el Espejo es el orden y el sinfín y el Tono rítmico es el Tono 6 que organiza e iguala.

Entonces, ya sea en la cocina, en el dormitorio o en mi trabajo tanto externo como interno, voy a intentar organizarme para lograr el orden y así cumplir la misión del día.

13/ Si no entiendo, ¿qué puedo hacer?

Como ya mencioné en este trabajo, quien me transmitió el Calendario Maya por primera vez fue una maestra maya llamada Lourdes Miranda, a quien amo con todo mi corazón. Ella decía: "Si no entienden, está muy bien porque no se trata de entender sino de *comprender* y la comprensión viene de *sentir* el conocimiento vibrando dentro de cada uno".

En este tiempo estamos volviendo a sentir, a recordar, y desde ese lugar es más sencillo abordar el conocimiento maya. De todas maneras, es indispensable estudiar con una guía experimentada para no perder detalle de las múltiples utilidades que tiene.

14/ ¿Qué es un portal de activación galáctico?

Es una puerta a la conciencia galáctica, a través de la cual la información fluye con más fuerza. Dentro del ciclo de 260 kines del Tzolkin, hay 52 portales que también son llamados kines (intervalos) y que forman el Telar de las 13 Lunas. Si observamos el gráfico del Tzolkin (Cap. 7) los vemos remarcados en negro, formando un dibujo como si fuera una "X".

15/ ¿Existen parentescos dentro del Calendario?

Sí. De acuerdo a los Sellos, existe lo que se llama relación por familia terrestre. Consta de 4 Sellos, uno de cada raza, y todos relacionados con el mismo centro energético del planeta y del cuerpo. Las familias son 5:

a) *Familia polar:* la forman la Serpiente, el Perro, el Águila y el Sol. Están ubicados en la corona del planeta, en el Polo Norte, y se relacionan con el centro energético o chakra corona, tanto en el cuerpo humano como en el planeta.

b) *Familia cardinal:* está formada por el Dragón, el Enlazador de mundos, el Mono y el Guerrero. Están ubicados entre el polo y el ecuador, y se relacionan con el centro energético o chakra laríngeo, tanto en el cuerpo humano como en el planeta.

c) *Familia central:* la integran el Humano, el Viento, la Tierra y la Mano. Es la que se ubica en la zona del ecuador. Representa el centro energético o chakra cardíaco del planeta. Todos sus Sellos también tienen muy activo su chakra del corazón.

d) *Familia señal:* la forman los Sellos del Caminante del cielo, el Espejo, la Noche y la Estrella. Es la que se ubica entre el ecuador y el Polo Sur y está relacionada con el centro energético o chakra del plexo solar tanto en el planeta como en el cuerpo humano.

e) *Familia portal:* la forman los Sellos de la Luna, el Mago, la Tormenta y la Semilla, que se relacionan con el centro energético o chakra raíz, tanto planetario como del cuerpo humano. Se encuentra en el Polo Sur.

Los Sellos de la familia terrestre son los que se manifiestan más fuertemente en una persona o en un día, y con ellos guardamos más relación. Por ejemplo: este año es Luna (que, como ya dijimos, representa la purificación y el fluir). Su familia es el Mago, la Tormenta y la Semilla, o sea que también la magia del verdadero tiempo, la gran transformación y el florecer estarán presentes en todo que se haga hasta el 24 de julio del 2003.

En el caso de hablar de una persona, la familia terrestre determina también los Sellos entre los cuales transitará su misión anual.

16/ ¿Coinciden los parentescos de la familia terrestre con los de sangre?

No siempre. Lo interesante es hacer un estudio detallado de los Sellos y Tonos de todos los integrantes de una familia de sangre para poder descubrir la causa y misión por las cuales se está con esos seres. Muchas veces sucede que nos forzamos en el comportamiento hacia otros seres o que cuestionamos el accionar hacia nosotros y en algunas oportunidades juzgamos sin saber qué misión tiene cada uno; quizás, a través de este conocimiento, podríamos comprender por qué se dan determinadas situaciones en una familia y qué es lo que habría que trabajar y mejorar en cada caso.

Podemos liberar cargas, dudas, culpas, presiones y miedos sólo a través de la comprensión, no exigiéndonos a nosotros (ni a los demás) a movernos de una forma que no esté de acuerdo a la misión del Sello con el cual hemos nacido.

17/ ¿Es lo mismo comenzar una actividad en cualquier día?

No. A través del estudio del Calendario recuperamos la conciencia del orden, y así recordamos que cada día es diferente a otro, que pertenece a una semana, a una Luna, a un año. Por ejemplo: en el año 2004 (a partir del 26 de julio), habrá cambios muy importantes. Ese año tendremos la misión de la Tormenta Cristal Azul. Será de gran transformación, acelerada. Si deseo acoplarme a esta energía, lo ideal es hacerlo desde la primera Luna.

Puedo empezar en otra Luna, pero no tendrá la misma intensidad. También es importante ver qué semana utilizo de la Luna para el accionar que deseo, y también el día. Les doy más ejemplos para aclarar el concepto: supongamos que quiero concluir con una actividad que ya vengo desarrollando en equipo, entonces intentaré cerrar con este grupo en la Luna cósmica, que es la que trasciende y en su última semana, que es la maduración. Puedo hacerlo en otra Luna u otra semana, pero así será lo más ordenado.

Veamos. Si alguien quiere inaugurar un negocio que tenga que ver con la alimentación, será más productivo si lo hace en la primera semana dentro de las siguientes Lunas magnéticas que convoca; Luna eléctrica que reúne; solar que produce; planetaria que manifiesta, etc. En cuanto a los días, es conveniente que sea Dragón que nutre; Semilla que florece; Noche que es abundancia; Mano que es realización. Todo esto es muy personal, de acuerdo a los objetivos a los que se quiera llegar. Recordemos que los mayas sostienen la idea de que los humanos *eligen y hacen* su destino.

18/ Si se hicieron tantos cambios hasta establecer el actual calendario gregoriano, ¿en qué año estamos?

Es una buena pregunta, ya que además se supone que hay una diferencia de aproximadamente 8 años en la fecha adjudicada al nacimiento de Jesús... Esto implicaría que en el año 2003 estaríamos transitando en realidad el año 2011, por lo que el cierre del ciclo del tiempo maya anunciado para el 21 de diciembre del año 2012 sería, en realidad, el 21 de diciembre pero del 2004. Es muy importante aclarar que esto puede llegar a coincidir o no con el tiempo real, ya que no se puede comprobar fehacientemente el nacimiento de Jesús. De acuerdo a los estudios de los mayas, el Ciclo finaliza el 21/12/2012 pero según dice José Argüelles hay tal aceleración en los acontecimientos que se supone que la vivencia esperada para el 2013 podría adelantarse al 2004. Por eso es preciso un cambio urgente al Calendario Maya para que el salto evolutivo sea en armonía.

19/ ¿Qué es "el encantamiento del sueño"?

Es un juego que fue recibido y transmitido por José Argüelles. A través de él se decodifica el uso del Calendario Sagrado Maya. Jugando con este sincronizador galáctico podemos saber quiénes somos, para qué estamos en la Tierra, y además recordar el Orden Natural del tiempo. Este conocimiento lo transmiten seres que forman parte de la Red de Arte Planetaria. Esta Red surge luego de la conformación de la Fundación para la Ley del Tiempo, y tiene nodos en todo el planeta.

Bibliografía consultada y recomendada

- Argüelles, José, *El factor Maya*, Editorial Círculo cuadrado, México, 1993.
- ——. *13 lunas en movimiento,* Ediluz, México, 2001.
- ——. *Encantamiento del sueño,* Chelsea Pacific, Hong Kong, 1990.
- Castro Landeira, Daniel, *Fronteras del tiempo*, Sudamericana, Argentina, 2000.
- Harleston Jr., Hugh, *El Zodíaco maya,* Editorial Diana, México, 1991.
- Ibarra Grasso, Dick Edgard, *La ciencia antigua y los zodíacos del viejo mundo y América*, Editorial Kier, Argentina, 1995.
- Marciniak, Bárbara, *Tierra,* Editorial Obelisco, España, 1997.

DIRECCIONES ÚTILES

- Red de Arte Planetaria

En los nodos de la Red de Arte Planetaria se realizan meditaciones, seminarios, talleres, charlas y se reciben a todos los seres interesados en la Ley del Tiempo. Para obtener información sobre los integrantes de la Red, como así también material didáctico e información sobre el Calendario Maya y los movimientos a favor del cambio de calendario en todo el mundo, ingresa a: *http://www.tortuga.com*

- **"Gente de la Tierra"**
Asociación sin fines de lucro que tiene como objetivo la creación de pueblos 13:20, pueblos autónomos que se autoabastezcan y que lleven una vida basada en los ciclos naturales de tiempo. Cuenta con una página en donde se publican todas las actividades que se realizan (talleres de huerta orgánica, apicultura, velas, jabones ecológicos, confección de hornos de barro, etc.). Todos estos conocimientos servirán para el tiempo del traslado y se pueden ir practicando ahora. "Gente de la Tierra" recibe donaciones de tierras y materiales de construcción, como así también de cualquier bien que sea útil para la repoblación de la Tierra.

En internet: *http://www.gentedelatierra.iespana.es/gentedelatierra*
Mail: *gentedelatierra@hotmail.com* y
espiritumaya39@hotmail.com
Teléfono: *(5411) 4723-5671*

Índice

Palabras preliminares	5
Palabras de José Argüelles acerca de la autora y su obra	7
Agradecimientos	9
Prólogo	11
1 – Espiritualidad y evolución: la esencia maya	13
2 – ¿Qué es el tiempo?	21
Una visión transformadora	
3 – ¿Qué es un calendario?	33
Historia	
El 13, número sagrado	
4 – *Tun Uc:* la Cuenta galáctica - solar - lunar, el Calendario de 13 Lunas de 28 días	43
5 – El Tzolkin: la Cuenta sagrada de 260 días	55
Los 20 Sellos solares sagrados	

Los 13 Tonos de la Creación
Cómo encontrar tu misión en la vida
Las 260 Misiones que determina el Calendario Maya

6 – El Haab: la Cuenta del calendario civil 119

7 – Sincronización con la Cuenta Tradicional maya 131
Tzolkin sagrado

8 – Campaña por el Nuevo Tiempo: cómo ser
un Mago de la Tierra 135

9 – Preguntas más frecuentes en cursos
de Calendario Maya 145

Bibliografía consultada y recomendada 155
Direcciones útiles

Mibros
IMPRESIONES

Este libro se terminó de imprimir
en Octubre de 2004. Tel.: (011) 4204-9013
Gral. Vedia 280 Avellaneda
Buenos Aires - Argentina

Tirada 3000 ejemplares